Noël Schötterl-Glausch

Psychische Erkrankungen mit Sport behandeln

Zusammenhänge zwischen der menschlichen Psyche und sportlichen Aktivitäten

I

Bibliografische Information der Deutschen Nationalbibliothek:

Die Deutsche Nationalbibliothek verzeichnet diese Publikation in der Deutschen Nationalbibliografie; detaillierte bibliografische Daten sind im Internet über http://dnb.d-nb.de abrufbar.

Impressum:

Copyright © Social Plus 2020

Ein Imprint der GRIN Publishing GmbH, München

Druck und Bindung: Books on Demand GmbH, Norderstedt, Germany

Covergestaltung: GRIN Publishing GmbH

Inhaltsverzeichnis

Abbildungsverzeichnis

1 Einleitung

„Ich schwitze, also bin ich." (Bette, 1999, S. 164) Mit dieser Aussage beschreibt Bette eindrucksvoll, wie viel tiefer die Wirkungen sportlicher Aktivität gehen, als man zunächst annehmen könnte. Dabei ist nicht die physiologische Reaktion des Schwitzens gemeint, die den meisten Menschen dann doch bekannt sein sollte: Vielmehr will Bette unterstreichen, wie Sport sich bis in die Persönlichkeit eines Menschen streckt, auch sein Fühlen und sein Denken verändern und bestimmen kann.

Sport ist alt. Die Olympischen Spiele wurden schon Jahrhunderte vor Christi Geburt ausgetragen (vgl. Behringer, 2012, S. 29). Aufgrund dessen, dass sportliche Betätigung schon seit jeher Teil des menschlichen Lebens zu sein scheint, ist Sport fundiert untersucht und in alle Richtungen hin studiert: Allgemeine Grundlagen, Regelwerke und Abläufe einzelner Disziplinen, Trainingslehren und die Geschichte des Sports sind auf keinen Fall erst Forschungsinhalte der Neuzeit. Jedoch scheint die Sportpsychologie eine noch recht moderne Lehre zu sein; wurde sie so wortwörtlich das erste Mal um das Jahr 1900 benannt (vgl. Nitsch, 2000). Inhalte dieser Fachrichtung ist die „Forschung, Lehre und Anwendung [...] der psychischen, psychosomatischen und psychosozialen Bedingungen, Abläufe und Wirkungen sportbezogener Aktivität" (ebd.). Dies betrifft sowohl die passiven psychologischen Aspekte während des Sports, als auch Themen der Psyche, die aktiv durch Sport beeinflusst werden können. Ja, Sport kann bewusst genutzt werden, um Erleben und Verhalten von Individuen zu verändern – dies sollte doch besonders bei Menschen, die in diesem Bereich (große) Schwierigkeiten haben, eine herausragende Bedeutung haben!?

Innerhalb dieser Bachelorarbeit möchte ich die Zusammenhänge von Sport und psychischen Erkrankungen untersuchen. Ich möchte fundiert darlegen, wie sich sportliche Betätigung auf die Psyche auswirkt und wie sich dies auch Menschen mit psychischen Erkrankungen zunutze machen können. Da ich nun schon einige Zeit mit psychisch Erkrankten arbeite, interessiert mich, inwiefern hier eine Möglichkeit in der Behandlung vorliegt. Ziel dieser Arbeit ist es, konkrete Wirkungsweisen von Sport auf die Psyche herausarbeiten und diese mit psychischen Erkrankungen in Verbindung zu setzen. Dabei werde ich selbstverständlich bereits veröffentlichte Studien miteinbeziehen, die diese Verknüpfung bereits untersucht haben. Zuletzt möchte ich mich damit beschäftigen, wie sich Sport in der Sozialen Arbeit mit Menschen mit psychischer Erkrankung konkret nutzen lässt.

Für die Form dieser Bachelorarbeit habe ich mich für eine Literaturarbeit entschieden, eine möglichst flächendeckende Untersuchung vorzunehmen: Eine intensive Literaturrecherche hat mir schon im Vorfeld gezeigt, wie viele Bereiche das Thema „Sport als Ressource für Menschen mit psychischer Erkrankung im Rahmen der Sozialen Arbeit" tangiert. Die Überlegung, doch eine qualitative Studie durchzuführen und sportlich aktive psychisch Kranke dazu befragen, wie ihnen der Sport mit ihrer Diagnose oder mit der allgemeinen Lebensbewältigung hilft, habe ich auch deshalb wieder verworfen, weil ich nicht genügend Teilnehmer akquirieren konnte. Ich nahm zwar Kontakt mit verschiedenen Sportgruppen mit Betroffenen auf, stieß jedoch auf eine nur geringe Bereitschaft, doch recht persönliche Fragen zu beantworten. Dies führte ich darauf zurück, dass mich einige der Angefragten nicht kannten. Zudem kam mir der Gedanke auf, dass ich durch rationalisierende und analytische Implikationen der gedachten Befragung möglicherweise die Leichtigkeit aus den jeweiligen sportlichen Aktivitäten nehmen könne. Die Methode der Literaturarbeit stellte sich dann jedoch als sehr geeignet heraus, da ich tief in theoretische Überlegungen zu Sport, der Psyche, Gesundheit und einzelnen Erkrankungen eingehen konnte.

Zu Beginn dieser Arbeit werde ich zwei wichtige Grundbegriffe klären. Ich werde den Sportbegriff und menschliche Gesundheit definieren. Bei der Darlegung der Grundlagen von Sport werde ich eine erste Bedeutung für das Erleben von Menschen erklären: die Bedeutung für die Identität. Gesundheit werde ich anhand verschiedener Modelle beschreiben, die später jeweils eigene (und übergreifende) Aspekte eröffnen, warum Sport generelle und für die Psyche gesundheitsfördernde Auswirkungen hat. Anschließend werde ich darauf aufbauend psychische Erkrankung erläutern: zunächst anhand des diagnoseübergreifenden Vulnerabilität-Stress-Modell, dann anhand spezifischer Diagnosen. Diese Erkenntnisse über psychische Erkrankung und über den Zustand, der eigentlich vorherrschen sollte, werde ich darauffolgend mit spezifischen Effekten von sportlicher Betätigung verbinden. Wichtig ist mir, dabei mehrere Wirkungsweisen zu behandeln: konkret messbare biomedizinische Reaktionen, psychosoziale Faktoren sowie speziell die Rolle von Stress. Im letzten Teil werde ich dann die Rolle der Sozialen Arbeit bezüglich der Möglichkeit, Menschen mit psychischer Erkrankung zu unterstützen, beleuchten; wo generell Ansätze der Soziale Arbeit vorliegen und wie konkrete Maßnahmen aussehen können.

2 Was ist Sport?

2015 gaben in einer Umfrage 70% der deutschen Bevölkerung an, Sport zu treiben. Fast 27 Millionen Deutsche sind Mitglied in Sportvereinen (vgl. Gabler, 2015, S. 1678). Diverse Ergebnisse sportlicher Ereignisse sind regelmäßig Teil von bundesweit ausgestrahlten Nachrichtensendungen. Gabler beschreibt deshalb eine „enorme gesellschaftliche Bedeutung des Sports" (ebd.), die Wenigsten werden dies abstreiten. Doch was ist Sport überhaupt?

Sport ist ein theoretisches Konstrukt (vgl. Brand, 2010, S. 10). Anders als ein Ball etwa lässt sich Sport nicht anfassen und sich in seiner Ganzheit einfach (be)greifen. Eine Klärung, was Sport nun ist, ist dabei nicht nur im Rahmen dieser Arbeit wichtig, um später Wirken, Nutzen und Methoden entwickeln und beschreiben zu können. Erst die Darlegung von Definitionen, Eigenschaften und Zusammenhängen von und im Sport eröffnet die Möglichkeit, auch als selbst Sport treibender Mensch eben dies adäquat verstehen zu können, was man bei körperlichen Aktivitäten unlängst wahrnimmt – was man fühlt.

Im Folgenden werde ich die Grundsubstanz von Sport erklären. Eingehen werde ich dabei unter anderem auf die körperliche Ertüchtigung, auf Motive sowie auf sozialwissenschaftliche Aspekte. Zuerst möchte ich jedoch eines klarstellen: Sport ist *nutzlos.*

Nach Heinemann ist Sport zwar erholsam, gesund, risikoreich, leistungsorientiert, wettkampfbezogen, kommunikativ, gar freudvoll; aber eben auch zweckfrei und unproduktiv (vgl. Heinemann, 1998, S. 34). Aus diesem Grund sieht Heinemann den Showsport, etwa im Fernsehen, als kritisch; hat er doch einen klaren Sinn und Zweck, nämlich die Unterhaltung (ebd., S. 35f). Dieselbe Behauptung kann jedoch auch anders ausgedrückt werden, sodass sie nicht nur weniger negativ ausfällt, sondern Sport sogar wieder in jenes positive Licht rückt, in dem er bei jedem gerne und regelmäßig Sport treibenden Menschen bis eben noch stand: *Sport ist eine sich selbst genügende Tätigkeit* (vgl. Schülerduden, 1987, S. 405). Zwar ist es richtig, dass Sport unproduktiv ist, dass dabei keine Produkte hergestellt werden, dass dabei keine Werke erschaffen werden, wie in der Kunst etwa (vgl. Heinemann, 1998, S. 34). Aber das muss auch nicht so sein. Sport genügt sich selbst!

2.1 Körperliche Betätigung, Leistung und Regeneration

Der Begriff „Sport" kommt ursprünglich aus dem Englischem und bedeutet „Zeitvertreib" oder „Vergnügen". Die Enzyklopädie Brockhaus beschreibt Sport als „Sammelbezeichnung für die an spielerischer Selbstentfaltung sowie am Leistungsstreben ausgerichteten vielgestalteten Formen körperlicher Betätigung" (Brockhaus, 2007, S. 433). Nach dieser Definition wird Sport als Hauptgegenstand die körperliche Betätigung zugeordnet. Gleichzeitig werden drei weitere Punkte aufgezählt: Spiel, Leistung und das Selbst.

Die Kernthematik der körperlichen Betätigung findet sich in einigen Definitionsversuchen wieder und scheint im wissenschaftlichen Diskurs Konsens zu finden: Steinkamps erstes Kriterium von insgesamt vier Punkten ist die körperliche Aktivität (vgl. Steinkamp, 1983, S. 19), auch das erste Element von Sport nach Heinemann ist die körperliche Bewegung (vgl. Heinemann, 1998, S. 34), und Brand benennt menschliche Bewegung als klares Zentrum der Sportwissenschaft (vgl. Brand, 2010, S. 11). Dabei betrifft die körperliche Aktivität nicht nur dem Körper selbst. „Sportliche Aktivitäten werden zumeist [...] aus Interesse an der Überwindung von psychischen, aber auch psychischen Herausforderungen unternommen." (Brockhaus, 2007, S. 433) Steinkamp beschreibt die Bewegung näher als eine durch den Bewegungsapparat ausgeführte physiologische und neurologische Inanspruchnahme von Muskeln, Reflexen und Sinnen. Zwar ist die körperliche Aktivität die ausschlaggebende Kraft beim Sport, dennoch tragen auch psychische Kräfte wie Konzentration, Mut und Kreativität deutlich zu den Bewegungsabläufen bei (vgl. Steinkamp, 1983, S. 16ff). In der Regel ist diese für Sport typische Körperbetätigung künstlich, unnatürlich. Die Bewegungsmuster sind erdacht und unterscheiden sich häufig von Alltagsaktivitäten (ebd.). Zwar läuft der Läufer auch während des normalen Tagesablaufs, dennoch werden in den meisten Sportarten gar Geräte benutzt, die nur innerhalb der jeweiligen Disziplin einen Nutzen haben. Im Alltag sieht man selten, wie Mitmenschen sich auf Skiern durch die Fußgängerzone bewegen, wie selbstverständlich über einen Barren schwingen oder Kurzhanteln von sich drücken.

Das zuvor genannte *Spiel* wird im Brockhaus als individuelle, „nicht organisierte Freude an der Selbststeigerung ohne Wettkampfstreben" (Brockhaus, 2007, S. 438) beschrieben. Spiel und Sport gehörten schon ab der Kindheit zur Persönlichkeitsentwicklung sowie zur Gesunderhaltung. *Leistung* dagegen sei anders als *Spiel* an Regeln gebunden, fände in eigens dafür bestimmten Organisationen statt und beinhalte freiwillige Leistungsvergleiche (ebd.).

Auch jener Leistungsgedanke ist in der wissenschaftlichen Literatur ein sehr häufig wiederkehrender Aspekt. Nach Brand kann hierbei zwischen dem Vergleich der eigenen Leistung mit eigenen früheren Leistungen (Aufgabenorientierung) und dem Vergleich der eigenen Leistung mit den Leistungen anderer (Wettbewerbsorientierung unterschieden werden (vgl. Brand, 2010, S. 26). Sportler und Sportlerinnen müssen sich nicht nur mit anderen messen; auch heute besser zu sein, als man selbst es gestern noch war, kann (progressive) Leistung ausdrücken. Damit dient Sport sowohl als „Möglichkeit zur persönlichen Bestätigung, als auch als Mittel zur sozialen Konkurrenz" (Schülerduden, 1987, S. 405). Heinemann benennt den Wettkampf ebenfalls als zweites Element des Sports und spricht damit zusammenhängend eine im Sport allgemeingültige, stillschweigende Vereinbarung an: die Gleichheit aller Sportler und Sportlerinnen zu Beginn eines Wettkampfs, die dann zum Schluss zu einer gewollten Ungleichheit (Ranking) führt (vgl. Heinemann, 1998, S. 34).

Laut Steinkamp basiert die Leistungsthematik im Sport auf der Problemorientiertheit. Ob nun im Tischtennis oder im Boxen: Es müssen vorgegebene Aufgaben gelöst werden, Ziele besser oder vor anderen gelöst werden. Im Hürdenlauf müssen die Hürden sogar wortwörtlich übersprungen werden. Diese Probleme werden dabei jedoch nicht gelöst, stattdessen sind sie unendlich widerholbar. Ein von Steinkamp sogenanntes „Mindestkönnen" (Steinkamp, 1983, S. 25) ist bei dieser Problemorientiertheit dabei von Sportart zu Sportart unterschiedlich ausgeprägt. Dieses Mindestkönnen beschreibt diejenigen Fähigkeiten, die man wenigstens benötigt, um an einer bestimmten Sportart teilnehmen zu können. Während man beim 500-Meter-Lauf zunächst einmal nur Laufen können muss, wird beim Fußball des Weiteren etwa Teamplay und Sicherheit am Ball gefordert. In Steinkamps Könnensskala folgt auf das Mindestkönnen dann der *persönliche Rekord*, also die bis dato erlangte persönliche Bestleistung. Die dritte Stufe stellt die *mögliche Leistungssteigerung* dar, die Steinkamp auch die „Bandbreite der Ungewissheit" (ebd.) nennt. Wohl auch deshalb, weil Sportler und Sportlerinnen nie wirklich sicher wissen können, ob sie die stets umrungene vierte Stufe überhaupt erreichen können. Der *absolute Rekord* nämlich ist in den meisten Sportarten nicht nur mit intensivem Training erreichbar, in der Regel ist auch eine gewisse genetische Veranlagung (im Volksmund auch „Talent" genannt") von Nöten, um einen absoluten Rekord aufzustellen, „der Beste überhaupt" zu sein.

Werden die Probleme des Sports nun gelöst – werden Etappen bezwungen, Becken durchschwommen oder Gegner zu Boden gerungen – ist die dazu aufgewendete Leistung *messbar, vergleichbar* und das daraus resultierende Ergebnis *wertbar*. Erkennen lassen sich dabei drei Arten von Leistung. Zunächst die (offensichtliche) körperliche Leistung, die sich zum Beispiel in Kraft, Schnelligkeit oder Ausdauer erkennen lässt. Als Zweites benennt Steinkamp die physische Technik: darunter fällt unter anderem Gleichgewichtserhaltung, Orientierungsvermögen, Antizipation und Reaktion. Und als Drittes wird auch eine psychische Technik als Leistung im Sport aufgewendet; taktisches Vorgehen, Umgang mit Erwartungen und Gefühlen etc. Das Wiederholen der Übungen innerhalb des Trainings nimmt dabei die Rolle der *Leistungssteigerung* ein, um dann etwa an Wettkampftagen ein möglichst bestes Ergebnis zu erlangen (vgl. Steinkamp, 1983, S. 26ff). Um erneut das Beispiel des Volkssports Fußball anzubringen: hier ist nicht nur die körperliche Leistung schnell erkennbar, es wird gesprintet, gepasst, gehechtet, gefoult. Zudem wissen(Profi-)Fußballer scheinbar stets, wo sich ihre Teamkollegen auf dem Feld befinden, reagieren gekonnt auf Möglichkeiten und Lücken. Aber auch die Taktik, das Vorgehen der Spieler, ist vor allem in hochkarätigen Partien recht leicht erkennbar. Spieler haben klare Rollen (Positionen), es werden langsam vorteilhafte Positionen erspielt und schnell gekontert.

Wenn nun körperliche Anstrengungen vollzogen, Leistungen erbracht und Ergebnisse erzielt wurden, wurde Sport getrieben. Was nun automatisch und auch dann passiert, wenn man dem wenig Aufmerksamkeit schenkt, ist die *Regeneration*. Erst durch diese kann bei der nächsten Sporteinheit ein Fortschritt erzielt werden: „Jede Leistungssteigerung beruht auf den gesetzmäßigen Wechselbeziehungen von Belastungs- und Erholungsphasen, einschließlich der Regenerationsprozesse" (Froböse & Wilke, 2012, S. 251). Ein Anstieg der Leistung hängt dabei vor allem damit zusammen, dass den Erholungsphasen eine angemessene Zeitspanne zukommt. Diese benötigte Regenerationszeit ist individuell von der jeweiligen Belastung, dem Trainingsinhalt und der Intensität abhängig. Diese Ruhephasen bekommen nicht nur im Amateursport oft eine zu geringe Bedeutung zugesprochen: auch in der Sport- und Bewegungstherapie wird die Regeneration oft vernachlässigt (ebd.).

2.2 Motive

Warum treiben Menschen eigentlich Sport? Klar zu sein scheint, dass zumindest nur Menschen eben dies tun (vgl. Steinkamp, 1983, S. 15). Der Biologe Midas Dekkers geht sogar so weit, zu sagen: „Kein Tier treibt Sport. So dumm ist es nämlich nicht." (Lütz, 2009, S. XVI) Sport ist allerdings nicht nutzlos oder dumm. Schließlich gehören „Spiel und Sport [...] von der Kindheit bis ins Alter zur Persönlichkeitsbildung und Gesunderhaltung" (Brockhaus, 2007, S. 433). Hier werden schon zwei Aspekte genannt, bei denen Sport zuträglich ist: die Gesundheit und die Identität. Auch bevor ich nun darauf und auf mehr näher eingehe, fällt auf, dass die Zugesprochene „Nutzlosigkeit" nicht unkritisch zu sehen ist.

Der Schülerduden beantwortet die Frage, weshalb Menschen Sport nachgehen, mit einer ganzen Liste an Gründen. Da wären zunächst die reine Freude an der Bewegung und Spiel, das Streben nach (schon benannter) persönlicher Leistung und dem Erkennen eigener Grenzen, und das natürliche Prestigestreben. Für Berufssportler stellt der Sport außerdem Existenzsicherung dar, und Freizeitsportler finden hier einen Ausgleich zum Berufsleben. Zusätzlich lässt sich durch körperliche Beschäftigung körperliches und psychisches Wohlbefinden erhalten und wiederherstellen, und auch in den mit Sport verbundenen sozialen Kontakten lässt sich ein Streben nach Selbsterfahrung stillen (vgl. Schülerduden, 1987, S. 406).

2.2.1 Sport und Identität

Beim Sport lassen sich Zukunftssorgen der alltäglichen Welt ausklammern, man lokalisiert sich in die Gegenwart (vgl. Schülerduden, 1987, S. 406). So wirkt der Körperbezug wie ein Anker in die Gegenwart, in einer auf die Zukunft ausgerichtete Gesellschaft (vgl. Bette, 1999, S. 159). Durch die Selbstthematisierung „deblockieren psychische Systeme und entparadoxieren sich über Körpervollzüge dadurch, dass sie die Zeitdimension der Sinnverarbeitung auf einen momenthaften [...] Augenblick zusammenführen" (ebd.). So erlangt man im Sport durch die gesteigerte Wahrnehmung des eigenen Körpers oft auch das wichtige, eventuell bei manchen Menschen zu häufig abwesende Gefühl, anwesend zu sein.

Vielleicht gilt also deshalb für viele Menschen Sport zur Erholung als wichtiger Teil erfüllter Freizeitgestaltung. (vgl. Brockhaus, 2007, S. 438). Jedoch müssen sie dafür nicht unbedingt selbst aktiv werden: auch die Teilnahme durch Zuschauen ist weit verbreitet. 1995 nahmen Sportsendungen 10% des Gesamtprogramms im europäischen Fernsehen ein, heute wird der Anteil noch höher sein (vgl. Moragas Spa, 2001, S. 211). Durch diese hohen Zuschauerzahlen sind die Übertragungsrechte sehr wertvoll, vor allem für internationale Wettkämpfe wie die Olympischen Spiele oder Weltmeisterschaften. Nicht unlängst erledigen Massenmedien nicht nur noch die Berichterstattung über Sportevents, sondern beeinflussen massiv die Produktion. Zeitpläne werden angepasst, Stadien mit angemessener Werbung und Dekoration ausgeschmückt. Insgesamt ist seit dem hohen (wirtschaftlichen) Interesse der Massenmedien sogar ein nicht unerheblicher Anstieg der Anzahl von Sportwettkämpfen zu verzeichnen (vgl. ebd., S. 212ff). Dennoch ist daraus nicht nur abzulesen, dass Sport ein Gegenstand von Wirtschaftskämpfen geworden ist. Durch die Präsenz von Sport in Radio, Fernsehen und Printmedien wird ein hohes gesellschaftliches Interesse an Sport eindeutig, und nicht nur von Mitbürgern, die selbst sportlichen Aktivitäten nachgehen.

Bevor ich zurück auf die Motive von denjenigen Menschen komme, die sich auch aktiv in den Sport einbringen, möchte auch ich im Zusammenhang mit „passiven Sport" (Schülerduden, 1987, S. 405) einen der Aspekte erläutern, der zwar eine oft stärkere Kraft im „aktiven Sport" (ebd.) darstellt, aber auch erklärt, warum Sport eine so hohe Relevanz auch bei erst einmal Unbeteiligten erhält: die *Identität*. Denn nicht nur „Ich bin Handballer!" drückt Identität aus, auch „Ich bin Handballfan!" zeigt eindeutig eine (gefühlte) Zugehörigkeit an.

Baumann unterteilt in seinem Modell von Identität die Gesamtidentität in die Persönliche Identität und in die Soziale Identität (s. Abb. 1). Die Persönliche Identität steht dabei für das eigene Bewusstsein, das Selbst, das unter anderem auf eigenen Erlebnissen und Erfahrungen gründet. Die Soziale Identität dagegen stellt Verhaltensweisen dar, die aufgrund von Rollenerwartungen und der Übernahme von Haltungen und Einstellungen anderer herrührt; sie stellt also eine „Identität für andere" dar (Baumann, 1998, S. 16). Diese beiden Teilidentitäten stehen laut Baumann in einer „Identitätsbalance"; so ist es die Aufgabe eines jeden Individuums, ein Gleichgewicht zwischen den Anforderungen und Erwartungen anderer und eigener Wünsche sowie selbstbestimmtem Verhalten herzustellen.

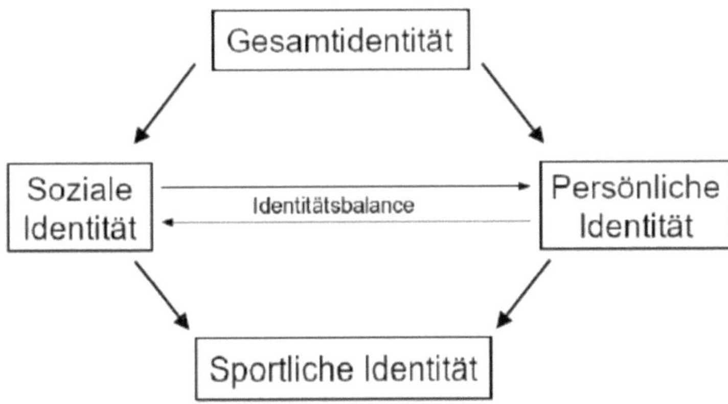

Abbildung 1 (nach Baumann, 1998, S. 14)

Das Interessante dabei ist, dass Sport nicht nur Teil der Persönlichen Identität ist, sondern auch die Soziale Identität betrifft. Nach Baumanns Modell hat Sport somit sogar einen Einfluss auf die Gesamtidentität. Sport „berührt soziale und psychologische Dimensionen der Identitätserfahrung" (Eichberg, 2001, S. 37). Neben der persönlichen Affinität hin zu einer Sportart ist man automatisch mit all jenen verbunden, die sich auch dieser Sportart zugehörig fühle. So drückt auch das reine Zuschauen etwa eines Staffellaufes ein „Wir"-Gefühl aus. Eichberg spricht in diesem Zusammenhang von kollektiven Identitäten. Auch von am Rennen Unbeteiligte hört man oft „Wir sind vorne" oder „Wir haben gewonnen". Dies geht so weit, dass Sport sogar eine relativ harmlose, wenn nicht sogar konstruktive Fläche für Nationalismus bietet: So ist das teilweise exzessive Zeigen von Nationalflaggen nicht nur in Deutschland bei Weltmeisterschaften oder anderen internationalen Sportveranstaltungen gang und gäbe. Dann wird nicht nur eine Zugehörigkeit zu einer Sportart, einer Mannschaft oder zu einem Verein ausgedrückt, plötzlich wird sich auch noch zum Heimat- oder Herkunftsland bekannt (vgl. ebd.).

Dass Sport Identität ausdrückt und förderlich für die Persönlichkeitsentwicklung ist, spiegelt sich jedoch, wie bereits erwähnt, vor allem im Sporttreiben selbst wieder. Der Körper ist neben dem Namen und der Lebensgeschichte ein besonders wichtiger Gegenstand der Identitätsbildung (vgl. ebd., S. 53). Bette bezeichnet Sport als Bestätigungsfeld in Räumen von individueller Unsicherheit. In diesem Zusammenhang verweist er auf eine Fragmentierung der Realität; einen Rückgang von traditionell gegebenen Sicherheiten, wie klare Geschlechterrollen, und den schnellen Wandel hin zu einer hoch technologischen Gesellschaft, die die Antwort auf die Frage „Wer bin ich?" und eine Identitätsfindung vor allem junger Leute erschweren. So tritt Körperlichkeit an die Stelle „traditioneller Sinngebungsinstanzen" (Bette, 1999, S. 158ff), um doch noch Unmittelbarkeit, Authentizität und Natürlichkeit zu erreichen. So wird der Körper (hauptsächlich in Industrieländern) zum Medium für Selbstverwirklichung und Lebensbejahung.

Dabei ist der Körper dafür deshalb so gut geeignet, da er „immer da" ist. In der Physis liegt eine Konstante; unabhängig davon, in wie viele verschiedene Rollen wir über einen einzelnen Tag verteilt schlüpfen (müssen), der eigene Körper ist in jeder Rolle gleich. Im Sport steht dieses physische Erleben dann im Mittelpunkt, ansonsten oft verdrängte Körperlichkeit kann hier voll ausgelebt werde. Bette spricht dabei sogar von einer Vorbeugung „psychischer Selbstauflösung durch Reflexionsspiralen" (Bette, 1999, S. 1661); die Fokussierung hinein in den Körper löst ab vom Überdenken, vom Grübeln, vom Versuch zu verstehen. Selbstzweifel und bodenlose Selbstreflexion sind demnach Nährboden für unsichere Identitäten. Im Sport wird der Körper mit der Welt synchronisiert, und mit ihm das Selbst.

Der Körper ist auch deshalb so gut dazu geeignet, Identität auszudrücken, weil er Individualität sogar sichtbar macht. Nicht nur durch die Vielfalt von Sportarten oder durch Sportmode kann sich hier von anderen distanziert und ein eigenes Ich zur Schau gestellt werden. Das Ausüben von verschiedenen Sportarten zeigt sich sogar in der Ausprägung der jeweiligen beanspruchten Muskulatur. „Sport eignet sich auf besondere Weise, den Wunsch nach eigener Unvergleichlichkeit komparativ auszudrücken." (Bette, 1999, S. 166) Bette versteht die Körperaufwertung (die nicht nur im Sport einen deutlichen Anstieg verzeichnet) als einen Versuch dagegen, abgehängt zu werden (vgl. ebd.). Außerdem besitzt Sport die „nahezu konkurrenzlose Fähigkeit, auf eine sozial harmlose Weise Helden zu erzeugen" (ebd.); durch Wettkämpfe und Medaillen wird im Sport ohne große gesellschaftliche Auswirkungen im großen Maße heroisiert. Ein Publikum, dem die eigenen Leistungen zur Schau gestellt werden können, ist ohnehin zuträglich für identitätsbildendes Sportverhalten.

Nun legen sich manche Menschen nicht unbedingt nur einer Sportart fest, sondern gehen verschiedenen Sportarten abwechselnd nach. Infolgedessen könnte man hier den Identitäts- und Individualisierungsaspekt von Sport in Frage stellen, da sich theoretisch dem gesellschaftlichen Anspruch auf Schnelligkeit und Diversität angepasst wird. Jedoch ist auch gerade diese Offenheit des Lebensstils ein Ausbrechen aus gesellschaftlichem Vorgeben und Routine. Sicherheit durch langfristige

Bindungen wird abgelehnt, nicht benötigt. Das Reizvolle liegt bei diesem Sportverhalten in der individuellen Beweglichkeit, die eine gewisse „Leichtigkeit des Seins" (Bette, 1999, S. 168) sowohl spürbar macht, als auch anderen anzeigt.

2.2.2 Bewegung und Könnerschaft nach Steinkamp

Steinkamp nennt zwei Motive, die Menschen dazu bewegen, sportlich aktiv zu sein: Bewegung und Könnerschaft. Bewegung ist demnach ein natürlicher Drang eines jeden Menschen. Darauf weist auch schon der Umstand hin, dass der menschliche Körper auch „Bewegungsapparat" genannt wird. In der Bewegung selbst liegen dabei im Sport laut Steinkamp noch einige weitere fordernde, attraktive Eigenschaften: unter anderem Spannung, Spontanität und Vielfältigkeit. Auch oft zeitnah geforderte Reaktionen unterscheiden sportliche Bewegungen in ihrem Anspruch und ihrer Befriedigung von alltäglicheren, weniger komplexen Bewegungen. Daneben fehlt die soziale Komponente, wenn unter Schweiß und Anstrengung die Wohnung geputzt wird. Bewegungen sind in einigen Sportarten zwischen den Akteuren aufeinander abgestimmt, ob nur miteinander das gegnerische Tor gestürmt wird oder die Körperhaltung des Gegners gelesen wird, um präzise, schnelle Konter zu planen. Im Synchronschwimmen und -springen wird sogar versucht, innerhalb einer Gruppe zu zweit die selbst, möglichst identische Bewegung auszuführen. Des Weiteren wird in Teamsportarten in der Regel vorausgesetzt, den Kameraden und Kameradinnen zu vertrauen, dass jene ihre Rolle richtig erfüllen, während man selbst den anderen gegenüber eine gewisse Verantwortung übernimmt. Auch finden in sportlichen Bewegungen soziale Konflikte statt, wenn über Regelverstoße gestritten wird oder gar den Körper verletzende Fouls die Gemüter erhitzen (vgl. Steinkamp, 1983, S. 41ff).

Die Könnerschaft bezieht sich wieder auf die Problemorientiertheit des Sports. Im Sport können sich hohe Ziele gesetzt werden, die nach dem Leistungsmotiv erreicht werden wollen. In der Könnerschaft finden sich auch die Aspekte der Selbstwirksamkeit und Selbstverwirklichung wieder; Teilnehmende können im Sport die Erfahrung machen, wie durch wiederholte Leistung ein Fortschritt erzielt werden kann und wie sie sich mit ihrem jeweiligen Können und Talent einbringen und ausdrücken können. Im Gegensatz zu vielen anderen Lebensbereichen kann vor allem in Einzelsportarten wie dem Krafttraining oder dem Langlauf auch die Selbstbeurteilung die Oberhand gewinnen, während man im Alltag stets eine Einstufung durch andere erfährt. Erfolgserlebnisse benötigen dann keine Bestätigung – auch wenn Anerkennung durch Dritte natürlich trotzdem schön ist. Jugendliche speziell haben im Sport auch schon relativ früh eine Plattform, sich ebenbürtig mit Erwachsenen zu fühlen; das Durchschnittsalter des Kaders der deutschen Fußballnationalmannschaft der Frauen für die Weltmeisterschaft 2019 beträgt gerade einmal 22,8 Jahre (Stand 12.06.2019) (vgl. Deutscher Fußball-Bund, 2019).

3 Was ist Gesundheit?

Der Begriff der Gesundheit wird oft in einer Art Schwarz-Weiß-Denken als einfaches Gegenteil von Krankheit gesehen. Entweder man ist krank, oder eben gesund. Dabei ist dies lange nicht so einfach. Wenn man die geläufige Frage „Na, wie geht's?" stets ehrlich beantworten würde, könnte man in der Regel nicht, wie es ebenfalls geläufig ist, mit „Gut!" oder „Muss ja, ne?" beantworten.

Die wohl bekannteste Gesundheitsbegriff der Weltgesundheitsorganisation (auch *World Health Organisation*, kurz *WHO*) benennet Gesundheit als ein „Zustand vollständigen körperlichen, seelischen und sozialen Wohlbefindens und nicht nur das Freisein von Krankheit oder Gebrechen." (Weltgesundheitsorganisation, 2013) Diese Definition beschreibt ebenfalls einen kaum erreichbaren Idealzustand. Es gibt vermutlich nur wenige Menschen, die weder körperliche, seelische oder soziale Probleme in einem wenn auch nur geringen Ausmaß haben.

Im Folgenden werde ich drei Modelle und Sichtweisen bezüglich Gesundheit erläutern: zunächst das biomedizinische Gesundheitsmodell, welches die längste Zeit den Blickwinkel der Medizin innehatte. Anschließend werde ich das Salutogenesemodell von Aaron Antonovsky beschreiben, welche Gesundheit als Spektrum betrachtet. Und zuletzt möchte ich auf die Internationale Klassifikation der Funktionsfähigkeit, Behinderung und Gesundheit eingehen, welches eine systemische Sicht auf den Gesundheitsbegriff darstellt. Damit sollen verschiedene Aspekte und Anteile des Gesundheitsaspekts deutlich gemacht werden.

3.1 Das biomedizinische Modell

Das biomedizinische Modell ist der naturwissenschaftliche Ansatz der Medizin bezüglich der menschlichen Gesundheit. Dabei wird der Mensch als biologischer Organismus verstanden. Krankheiten werden stets durch konkrete, erkennbare Ursachen ausgelöst: Infektionen, Keime, Unfälle usw. führen zu „einer Schädigung von Zellen und Gewebe oder zu einer Dysregulation von mechanischen oder biochemischen Prozessen" (Richter & Hurrelmann, 2016, S. 8). Entweder stellen diese Veränderungen am Organismus selbst Krankheiten dar oder erhöhen das Risiko, eine Krankheit zu erleiden. „Die Krankheit wird auf innerkörperliches Geschehen reduziert und als Störung der normalen Organfunktion verstanden" (ebd.).

Nach dieser Denkweise tragen Menschen Krankheiten in ihrer Gänze in sich. Durch bestimmte Untersuchungen können sie anhand von Symptomen und Signalen aufgedeckt werden, der oder die Betroffene ist somit die passive Seite einer

Erkrankung. Neben den aktiven Symptomen gelten auch die Ursachen von Krankheiten als körperlich und sind dabei rein naturwissenschaftlich erklärbar. Um aus dieser Ansicht dem komplexen System von Gesundheit gerecht zu werden, wird der menschliche Organismus im biomedizinischen Modell in seine einzelnen Bestandteile aufgeteilt. Diese werden dabei immer kleiner. Angefangen bei einzelnen Gliedmaßen und Organen über Muskulatur und dem Skelett bis hin zu Gefäßen und Zellen kann der Körper außerordentlich kleinteilig analysiert werden, was Funktionsstörungen besser erklärbar machen soll. An letzter Stelle dieser Kette steht die Molekularbiologie. (vgl. Richter & Hurrelmann, 2016, S. 9)

Die Etablierung der naturwissenschaftlichen Medizin bedeutete damals einen enormen Fortschritt gegenüber gängigem Glauben, Krankheiten wären Resultat böser Geister, sündigem Verhalten und anderer übernatürlicher Mächte. So stellte die Biomedizin auch eine deutliche Verbesserung in der Behandlung von Erkrankten dar. Dennoch mehren sich nun seit wenigen Jahrzehnten kritische Stimmen am biomedizinischen Modell von Gesund- und Krankheit, da der menschliche Körper getrennt von der Person rein als Objekt betrachtet wird. „Soziale und materielle Ursachen der Krankheit werden ebenso ausgeblendet wie die subjektive Interpretation und Bedeutung der Erkrankung" (ebd.). Wenn außer Acht gelassen wird, dass Menschen auch soziale Wesen sind, die in Gesellschaften leben, werden gleichzeitig soziale und gesellschaftliche Faktoren von Gesundheit übersehen. So kann die Biomedizin auch die gesellschaftliche Verteilung von Erkrankungen erklären (vgl. ebd.).

Richter und Hurrelmann nennen aus sozialwissenschaftlicher Perspektive einige Kritikpunkte bezüglich des biomedizinischen Modells. Zunächst trifft „die Vorstellung, dass eine bestimmte Erkrankung eine bestimmte Ursache haben muss, [...] nur auf eine begrenzte Zahl (infektiöser) Erkrankungen zu." (ebd., S. 10) Die meisten Erkrankungen sind vielmehr das Ergebnis eines Zusammenspiels mehrerer Faktoren. Die körperliche Ausgangslage, Stress sowie die soziale und materielle Umwelt haben teils massiven Einfluss auf die Gesundheit von Individuen. Darum leidet dabei auch die Art und Weise, wie Ärzte mit ihren Patienten umgehen. Da die Biomedizin als Hauptgegenstand den menschlichen Körper als Objekt innehat, sehen viele Ärzte nicht die Person mit all ihren Facetten hinter der zu behandelnden Diagnose, die aber einen massiven Einfluss auf den Behandlungsverlauf, sowie auf das Behandlungsergebnis hat. Diese „unvollständige" Behandlung, die über die Pathologie hinausgehende Gesundheitsfaktoren unberücksichtigt lässt, resultiert dann auch in einer nicht optimalen Finanzierung der medizinischen Versorgung.

Der starke Anstieg an Kosten hängt nicht nur mit dem Anstieg an (potentiellen) Patienten zusammen. „An verschiedenen Stellen sowohl innerhalb als auch außerhalb der Medizin wird argumentiert, dass die Wirksamkeit naturwissenschaftlicher Ansätze in der Medizin in der Bekämpfung und Behandlung von Erkrankungen deutlich überschätzt wird" (ebd.) – weshalb eine rein biomedizinische und pathologische Sicht auf die Gesundheit des Menschen mehr und mehr der Vergangenheit anzugehören scheint.

3.2 Das Modell der Salutogenese nach Aaron Antonovsky

Bevor Aaron Antonovsky 1979 und 1987 das Konzept der Salutogenese in zwei Teilen veröffentlichte, waren pathogene Ansätze, also krankheitsorientierte Sichtweisen, die gängige Haltung zum Gesundheitsbegriff. Nach Ansicht des Medizinsoziologen sollte „die Frage, warum Menschen gesund bleiben, [...] Vorrang vor der Frage nach den Ursachen von Krankheiten und Risikofaktoren bekommen" (Bengel, Strittmatter, & Will, 2009, S. 9). Im Salutogenesemodell stehen demnach gesundheitsfördernde Faktoren im Zentrum, Ressourcen gehen Defiziten vor. Ausgangspunkt Antonovskys theoretischer und empirischer Arbeit waren drei Fragen:

- „Warum bleiben Menschen – trotz vieler potenziell gesundheitsgefährdender Einflüsse – gesund?" (Bengel, Strittmatter, & Will, 2009, S. 24)

- „Wie schaffen sie es, sich von Erkrankungen wieder zu erholen?" (ebd.)

- „Was ist das Besondere an Menschen, die trotz extremster Belastungen nicht krank werden?" (ebd.)

Den großen Unterschied seines Modells zum pathologischen Blickwinkel beschrieb Antonovsky mit einer Metapher: Während sich diejenigen, die sich mit der Entstehung und Behandlung von Krankheiten beschäftigen, mit großen Aufwand darum bemühen, Menschen aus einem reißenden Fluss zu retten, denken sie nicht darüber nach, weshalb die in den Fluss Geratenen überhaupt in das Wasser gefallen sind, und warum sie nicht besser schwimmen können (vgl. ebd., S. 24f). Daraus wird auch der präventive Ansatz des Salutogenesemodells deutlich. Schon bevor Menschen „in den Fluss fallen", bevor sie krank werden, kann gesundheitsfördernde Arbeit geleistet werden.

3.2.1 Das Kohärenzgefühl

Das erste von insgesamt vier Konstrukten bezüglich der Entstehung und dem Erhalt von Gesundheit, die Antonovsky innerhalb seines Modells in Zusammenhang setzt, ist das Kohärenzgefühl. Das Kohärenzgefühl umfasst eine gewisse Grundhaltung eines jeden Menschen, bezogen auf die Welt und das eigene Leben. Antonovsky selbst übersetzte das Kohärenzgefühl auf Deutsch mit „Weltanschauung".

Das Kohärenzgefühl ist einer jener Faktoren, der erklärt, weshalb mehrere Menschen unter den gleichen (schrecklichen) Umwelteinflüssen wie Hunger, schlechte hygienische Verhältnisse und Krieg unterschiedlich stark leiden. Wenn die Umweltbedingungen vergleichbar sind, liegt es an einer „sowohl kognitiven als auch affektiv-motivationalen Grundeinstellung" (Bengel, Strittmatter, & Will, 2009, S. 28), inwiefern vorhandene Ressourcen zur Gesundheitsfürsorge genutzt werden können. „Kohärenz" steht dabei für „Zusammenhang" und „Stimmigkeit"; je ausgeprägter das Kohärenzgefühl ist, desto größer ist die Fähigkeit einer Person, gesund zu bleiben und zu genesen. Drei Komponenten ergeben nach Antonovsky gemeinsam das Kohärenzgefühl:

1. Das Gefühl von Verstehbarkeit, das die Fähigkeit meint, Eindrücke und Reize konstruktiv verarbeiten zu können. Verstehbarkeit meint das Begreifen und Einordnen von Informationen aus der Umwelt, anstatt den Eindruck zu gewinnen, man befinde sich in einer chaotischen und willkürlichen Sphäre.

2. Das Gefühl der Bewältigbarkeit beschreibt „die Überzeugung eines Menschen, dass Schwierigkeiten lösbar sind" (ebd., S. 29). Auch „instrumentelles Vertrauen" (ebd.) genannt umfasst es sowohl das Wissen um eigene Kompetenzen und Ressourcen, aber auch den Glauben, dass neben anderen Personen auch höhere Mächte unterstützend wirken können.

3. Das Gefühl der Sinnhaftigkeit ist nach Antonovsky die wichtigste Komponente des Kohärenzgefühls. Demnach wird ein Leben, das nicht als emotional sinnvoll empfunden wird, auch trotz ausgeprägtem Gefühl von Verstehbarkeit und von Bewältigbarkeit in allen Bereichen als Qual wahrgenommen. Es ist wichtig, dass zumindest manche Schwierigkeiten und Probleme des Lebens als Herausforderungen gesehen werden, bei denen es sich lohnt, Mühe und Kraft zu investieren.

„Ein stark ausgeprägtes Kohärenzgefühl führt dazu, dass ein Mensch flexibel auf Anforderungen reagieren kann." (ebd., S. 30) Durch das Kohärenzgefühl werden in den richtigen Momenten die richtigen Ressourcen aktiviert. Dabei entwickelt sich das Kohärenzgefühl entlang des Lebenslaufes. Ab der Kindheit wird es von Erlebnissen und Erfahrungen beeinflusst, während der Pubertät sind besonders große Veränderungen möglich. Ab dem dreißigsten Lebensjahr etwa bleibt es dann nach Antonovsky relativ stabil (vgl. ebd., S. 30f).

3.2.2 Das Gesundheits-Krankheits-Kontinuum

Krankheit selbst betrachtete Antonovsky beeinflusst von systemtheoretischen Überlegungen. Gesundheit sei „kein normaler, passiver Gleichgewichtszustand, sondern ein labiles, aktives und sich dynamisch regulierendes Geschehen." (Bengel, Strittmatter, & Will, 2009, S. 25) Weiter ist nach Antonovsky Ungleichgewicht und Krankheit sogar das Grundprinzip menschlicher Existenz, nicht Gleichgewicht und Gesundheit. Menschen sind demnach je nachdem mehr oder weniger gesund beziehungsweise mehr oder weniger krank – und die Frage ist: „Wie wird ein Mensch mehr gesund und weniger krank?" (ebd., S. 24).

Eine strikte Trennung von Krankheit und Gesundheit ist so also nicht möglich. Stattdessen zeichnet Antonovsky ein Bild zweier Pole von Wohl- und Missempfinden, zwischen denen das tatsächliche Wohlergehen schwankt. Die Pole selbst, völlige Gesundheit oder völlige Krankheit, kann ein Mensch nicht erreichen (vgl. ebd., S. 32).

3.2.3 Stressoren und Spannungszustände

Das dritte Konstrukt innerhalb des Salutogenesemodells bezieht sich auf die Stressbewältigung von Individuen. Dabei fällt auf, dass der gleiche Reiz bei verschiedenen Person unterschiedliche Effekte hat, und dass dieser Reiz nicht bei jeder Person unbedingt Stress auslöst. Hierbei ist etwa das beschriebene Gefühl der Bewältigbarkeit sehr zuträglich. Löst ein Reiz bei einer Person jedoch Stress aus, liegt das daran, dass sie nicht weiß, wie sie auf die konkrete Situation reagieren soll. Damit wirkt der spezielle Reiz beim Individuum als Stressor, der einen Spannungszustand auslöst.

Das Lösen von Spannungszuständen, die während eines Lebenslaufs unvermeidbar in Hülle und Fülle auftreten, ist nach Antonovsky die zentrale Aufgabe von Organismen. Gelingt dies und können stressbehaftete Situationen angemessen gemeistert werden, „so hat dies eine gesunderhaltende bzw. gesundheitsförderliche Wirkung"

(Bengel, Strittmatter, & Will, 2009, S. 33). Dass Spannungszustände jedoch nicht immer konstruktiv verarbeitet werden, ist dabei selbstverständlich; dies muss auch nicht zwangsläufig gesundheitsgefährdend sein. Tritt eine solche Belastung aber mit schon bestehenden Schwachstellen und Prädispositionen in Zusammenhang, kann dies zu einer Schwächung der körperlichen Gesundheit führen.

Bei den Stressoren unterscheiden Antonovsky zwischen drei Kategorien: den physikalischen, den biochemischen und den psychosozialen Stressoren. Zu beachten ist, dass physikalische und biochemische Stressoren wie Waffengewalt oder Gift so stark sein können, dass sie sich direkt auf die Gesundheit auswirken; dann ist die pathologische Sichtweise der Medizin gerechtfertigt. Jedoch hat in Industrieländern die Gefahr eben jener Stressoren stark abgenommen, weshalb die Bedeutung der psychosozialen Stressoren in den Vordergrund rückt. (vgl. ebd., S. 34).

Vor allem bei erlebten Stressoren und Spannungszuständen ist das jeweilige Kohärenzgefühl von besonderer Relevanz. Ein ausgeprägtes Kohärenzgefühl kann schon dazu beitragen, dass ein Reiz nicht einmal als Stressor gewertet wird. Ist dies doch der Fall, kann eine Person mit starkem Kohärenzgefühl dazwischen entscheiden, ob ein Spannungszustand als „bedrohlich, günstig oder irrelevant" (vgl. ebd., S. 33) einzuordnen ist. Günstige und irrelevante Stressoren werden dann zwar als Anspannung wahrgenommen, jedoch kann dann darauf vertraut werden, dass diese Anspannung „auch ohne das Aktivieren von Ressourcen" (ebd.) wieder aufhört. Und wird der Stressor als bedrohlich eingeordnet, fällt es Menschen mit großem Kohärenzgefühl leichter, die belastende Situation dennoch als überwindbar anzusehen und mit angemessenen Gefühlen zu reagieren. Personen, bei denen das Kohärenzgefühl nur unzureichend ausgeprägt ist, neigen eher dazu, auf Spannungszustände mit diffusen Emotionen zu reagieren, die im schlimmsten Fall zu einer Handlungsunfähigkeit beitragen können (vgl. ebd., S. 33f).

3.2.4 Generalisierte Widerstandsressourcen

Neben dem Kohärenzgefühl beschreibt Antonovsky eine weitere Variable, die für eine angemessene Verarbeitung von Spannungszuständen beiträgt: die generalisierten Widerstandsressourcen. Hierbei handelt es sich um universal wirksame, allgemein anwendbare Faktoren, die die Widerstandsfähigkeit gegenüber Belastungen erhöhen und somit langfristig den Gesundheitszustand verbessern. Generalisierte Widerstands-ressourcen tragen dazu bei, entlang des Lebensweges bedeutsame Erfahrungen zu machen, die zur Ausprägung eines adäquaten Kohärenzgefühls beitragen. In konkreten Situationen können sie als Ressource aktiviert werden, um einen Spannungszustand zu bewältigen (Bengel, Strittmatter, & Will, 2009, S. 34). Wenn ein Individuum nun also über ein hohes Maß an generalisierten Widerstandsressourcen verfügt, kann man von einer gewissen Aufwärtsspirale sprechen: Indem Reize seltener als Stressoren verstanden werden, Erfahrungen „verbessert" werden, und die Welt dadurch insgesamt als strukturierter wahrgenommen wird, ist dies sowohl dem Kohärenzgefühl zuträglich, als auch darum wieder den Widerstandsressourcen selbst. Ist das Gegenteil der Fall, ist die Verfügbarkeit über diese Ressourcen nur mangelhaft ausgeprägt, kann eine so große Anzahl an Reizen als Stressoren und eine so große Anzahl an Situationen als Belastung gewertet werden, dass ein Individuum sich seiner Umwelt zunehmend machtlos ausgeliefert fühlt. Setzt sich dieses Gefühl der Überforderung über eine längere Zeitspanne fest, leidet darunter passiv das Kohärenzgefühl. Dadurch können Menschen in eine Abwärtsspirale kommen, die das Aufrechterhalten von Gesundheit erschwert und Krankheiten begünstigt (vgl. ebd., S. 146).

3.3 Internationale Klassifikation der Funktionsfähigkeit, Behinderung und Gesundheit

Die Internationale Klassifikation der Funktionsfähigkeit, Behinderung und Gesundheit (original engl. International Classification of Functioning, Disability and Health, im Folgenden mit ICF abgekürzt), wurde 2001 in der Originalfassung auf Englisch durch die Weltgesundheitsorganisation herausgegeben. Allgemeines Ziel ist es, Gesundheit und mit Gesundheit zusammenhängende Zustände einheitlich und standardisiert einzuordnen (Weltgesundheitsorganisation, 2005, S. 2). Der schon im Titel der Klassifikation genannte Begriff der Funktionsfähigkeit umfasst sowohl alle Körperfunktionen und Körperstrukturen, aber auch alle Aktivitäten eines Individuums sowie seine Teilhabe. „Behinderung" wird definiert als „Oberbegriff für Schädigungen, Beeinträchtigungen der Aktivität und Beeinträchtigung der Partizipation" (ebd., S.9), zeigt also Defizite der Funktionsfähigkeit an. Darüber hinaus bezieht die ICF auch die Umweltfaktoren von Individuen in das Gesamtkonstrukt von Gesundheit mit ein, die mit diesen Variablen in Wechselwirkung stehen.

3.3.1 Funktionsfähigkeit und Behinderung

Wie zuvor genannt, gliedert sich die Funktionsfähigkeit im ICF in die Komponenten der Funktionsfähigkeit und Behinderung und in die Komponenten der Aktivitäten und Teilhabe.

Körperfunktionen beziehen sich sowohl auf die physiologischen, als auch auf die psychologischen Funktionen des Körpers. Beispiele für physiologische Körperfunktionen sind etwa die Sinne des Menschen (Sehen, Hören, Schmecken etc.), das Empfinden von Schmerz, und Funktionen, die man im Volksmund dem „Kreislauf" zuordnet (Atmung, Verdauung, Stoffwechselfunktionen etc.). Psychologische Funktionen betreffen beispielsweise das Bewusstsein, psychosoziale Funktionen, Funktionen der Persönlichkeit und der Antrieb (Weltgesundheitsorganisation, 2005, S. 52ff). Körperstrukturen sind die anatomischen Teile des Körpers. Hierunter fallen die „Organe, die Gliedmaße und ihre Bestandteile" (ebd., S. 17). Leidet ein Individuum unter einer Beeinträchtigung einer Körperfunktion oder einer Körperstruktur, spricht die ICF von einer Behinderung im körperlichen Bereich. Zu beachten ist dabei, dass der Körper den kompletten menschlichen Organismus miteinbezieht, also geistige und seelische Anteile geeint betrachtet.

Eine Aktivität ist im Rahmen des ICFs die Ausübung einer Aufgabe oder einer Handlung. Teilhabe meint „das Einbezogensein in eine Lebenssituation" (ebd., S. 19). In insgesamt neun Lebensbereichen können Individuen aus individueller Kraft und gesellschaftlicher Möglichkeit mehr oder weniger einbezogen sein:

- Lernen und Wissensanwendung
- allgemeine Aufgaben und Anforderungen
- Kommunikation
- Mobilität
- Selbstversorgung
- häusliches Leben
- interpersonelle Interaktion und Beziehungen
- Bedeutende Lebensbereiche (bspw. der Arbeitsplatz)
- gemeinschaftliches, soziales und staatsbürgerliches Leben (vgl. ebd., S. 20)

Eine Behinderung ist im Bereich der Aktivität und der Teilhabe nach der ICF dann gegeben, wenn entweder aufgrund personenbezogener Defizite oder durch umweltbezogene Einflüsse die Leistungsfähigkeit eines Menschen beeinträchtigt ist. Personenbezogene Defizite können zum Beispiel aus körperlichen Behinderungen resultieren, wenn etwa eine Gehbehinderung die Mobilität einschränkt, oder aus psychosozialen Abweichungen, wenn zum Beispiel durch mangelnde Sozialkompetenzen keine intimen Beziehungen aufrecht erhalten werden können. Für Behinderungen durch die soziale Umwelt nennt die ICF selbst das Beispiel einer HIVpositiven Person, die ohne Symptome durch die Krankheit selbst an Diskriminierung und Ausschluss aus der Gesellschaft leidet. So kann es auch zu Behinderungen der Teilhabe kommen, wenn kein körperliches Leiden vorherrscht (vgl. ebd., S. 20f).

3.3.2 Kontextfaktoren

„Kontextfaktoren stellen den gesamten Lebenshintergrund eines Menschen dar. Sie umfassen zwei Komponenten: Umweltfaktoren und personenbezogene Faktoren." (Weltgesundheitsorganisation, 2005, S. 21) Kontextfaktoren haben Auswirkungen auf den Gesundheitszustand und die Funktionsfähigkeit von Menschen, indem die „Leistung als Mitglied der Gesellschaft, [die] Leistungsfähigkeit zur Durchführung von Aufgaben bzw. Handlungen oder [die] Körperfunktionen und -strukturen positiv oder negativ" (ebd.) beeinflusst werden.

Umweltfaktoren sind die äußeren Einflüsse auf ein Individuum, dazu gehören etwa materielle, soziale und politische Faktoren. Hierbei kann erneut unterteilt werden zwischen der Ebene des Individuums selbst sowie der Ebene der Gesellschaft. Die Individuumsebene bezieht sich auf die greifbare, unmittelbare Umwelt von Personen, wie den häuslichen Bereich oder den Arbeitsplatz. Unmittelbare soziale Kontakte und zur Verfügung stehende finanzielle Mittel und können unterschiedlich stark auf das Wohlergehen eines Menschen wirken. Faktoren der Gesellschaftsebene ebenfalls, obgleich hier die Einflüsse ferner und weniger beeinflussbar erscheinen. Gesetze, formelle und informelle Regeln, gängige Weltanschauung sowie Verkehrswesen beeinflussen weit mehr Menschen auf dieselbe Weise, als es Faktoren auf der Ebene des Individuums tun (vgl. ebd., S. 22).

Nicht zu verwechseln sind diese Umweltfaktoren auf Individuumsebene mit den personenbezogenen Kontextfaktoren. Damit sind innere Einflüsse auf das System der Gesundheit gemeint. Auch Eigenschaften von Menschen, die nicht einmal variabel und veränderbar sein müssen, haben Macht über den Gesundheitszustand. Die ICF benennt unter anderem das Geschlecht, ethnische Zugehörigkeit, Erziehung, Bildung und Charakter.

3.3.3 Die Wechselwirkungen zwischen den Komponenten der ICF

„Die ICF liefert einen mehrperspektifischen Zugang zu Funktionsfähigkeit und Behinderung im Sinne eines interaktiven und sich entwickelnden Prozesses." (Weltgesundheitsorganisation, 2005, S. 23) Nach eigener Beschreibung modelliert die Klassifikation diesen Prozess, den Gesundheit letztendlich darstellt, zwar nicht selbst, stattdessen aber die dafür relevanten Komponenten. Wie schon in der Beschreibung der einzelnen Komponenten der ICF sichtbar wurde, stehen diese einzelnen Teile in ständiger, dynamischer gegenseitiger Beziehung. Abbildung 2 veranschaulichten diese Wechselwirkungen der jeweiligen Variablen.

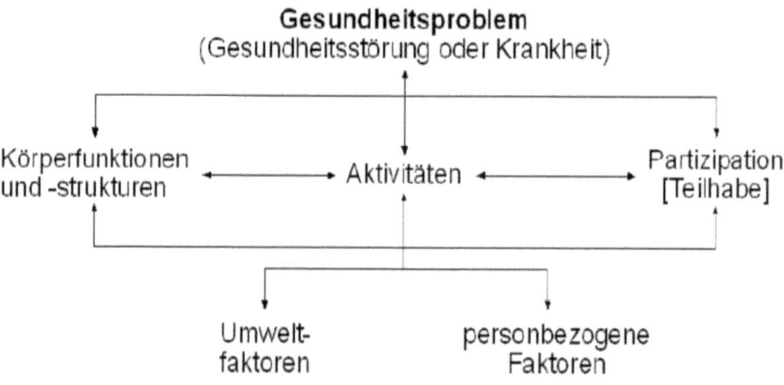

Abbildung 2 (Weltgesundheitsorganisation, 2005, S. 23)

Durch die Grafik wird deutlich, dass jede einzelne Komponente jede andere beeinflusst. Eine Erkrankung von einem Individuum kann sich neben körperlichen Symptomen auch bis auf die berufliche Situation, Freizeitaktivitäten und Stellung in der Gesellschaft auswirken. Anders herum kann sich aufgrund beispielsweise des Geschlechts oder der ethnischen Zugehörigkeit in Verbindung mit einer erschwerten Teilhabe auch den Gesundheitszustand verändern. Das heißt aber auch, dass durch Veränderung eines Aspektes gezielt Einfluss auf das gesamte System genommen werden kann. Dies ist ein Ansatzpunkt für gesundheitsbezogene Interventionen. Krankheiten können und müssen nicht nur durch an der Krankheit selbst ansetzende Maßnahmen therapiert werden, auch durch eine Anpassung der sozialen Umwelt etwa oder der Aktivitäten kann einem Menschen hier geholfen werden.

Mit der Erläuterung des biomedizinischen Modells, des Salutogenesemodells sowie zuletzt der Gesundheitsdefinition nach der Weltgesundheitsorganisation soll der Leser einen Eindruck davon haben, wie der Gesundheitszustand einer Person theoretisch sein sollte und wie sich dieser zusammensetzt. Diese Grundlagenklärung hat nicht nur das Ziel, später Rückschlüsse darauf zuzulassen, wie Sport konstruktiv hinsichtlich der psychischen Gesundheit wirken kann, sondern auch, um ein Fundament für die folgende Klärung zu schaffen, was denn nun psychische Krankheit ist. Um zu verstehen, was eine konkrete Abweichung ist, muss klar sein, wovon eine Abweichung besteht.

4 Was ist eine psychische Erkrankung?

Die Psychiatrie ist die Medizin der Psyche. Wörtlich übersetzt aus dem Griechischen bedeutet Psychiatrie „Seelenheilkunst" (aus „psyche" für „Seele und „iatrike" für „Heilkunst", deshalb eigentlich auch „Psychiatrik"), Psychiater und Psychiaterinnen sind „Seelenärzte" (aus „psyche" und „iatros" für „Arzt") (vgl. Peteres, 2017, S. 470). Somit ist die Psychiatrie die Lehre von psychischen Erkrankungen und deren Behandlung (vgl. Trost & Schwarzer, 2013, S. 18). Doch wer ist Patient der Psychiatrie? Was ist eigentlich eine psychische Erkrankung?

„Im Laufe des Lebens erleidet fast ein Drittel der Bevölkerung eine der Erkrankungen aus der Gruppe der Affektiven Störungen, Suchtstörungen, schizophrenen Störungen oder Angst- und Zwangsstörungen." (ebd., S. 16) Dass jeder/e Dritte irgendwann einmal also selbst von einer psychischen Erkrankung betroffen ist und damit wohl fast jeder Mensch zumindest indirekt einen Bezug zu psychischen Erkrankungen hat, ob nun durch ein Familienmitglied, Freunde oder Bekannte, lässt die Frage offen, warum dieses Thema unlängst als Tabu gehandelt wurde. 2011 ergab eine Hochrechnung der Weltgesundheitsorganisation, dass 2030 die höchste Summe an von Krankheit betroffenen Lebensjahren in Industrieländern überhaupt psychischer Natur sein werden: Auf Platz 1 die Unipolare Depression, auf Platz 2 die Alkoholabhängigkeit (s. Abb. 3). Psychische Erkrankungen haben somit „eine immens hohe sozialmedizinische, gesellschaftliche und ökonomische Bedeutung" (ebd.).

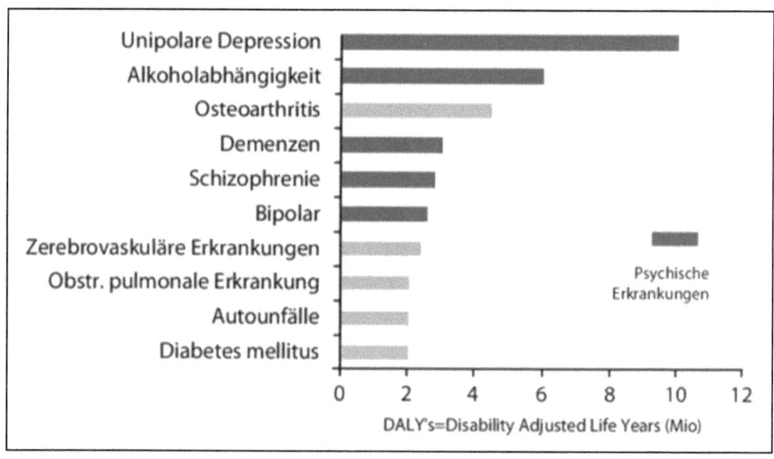

Abbildung 3 (Trost & Schwarzer, 2013, S. 16)

Unter dem Gesichtspunkt der hohen Anzahl an Betroffenen stellt sich die Frage, weshalb psychische Erkrankung lange die Rolle eines Tabuthemas einnahm. Zwar gab es auch Gesellschaften, in denen Menschen mit Schizophrenie „als von Gott auserwählte Seher" galten (ebd., S. 23), dennoch werden Erkrankte eher stigmatisiert und diskriminiert (vgl. Angermeyer, 2004, S. 36). Den Tiefpunkt des öffentlichen Umgangs mit Menschen mit psychischer Erkrankung stellte wohl die nationalsozialistische Euthanasie unter Adolf Hitler dar, der mindestens 216.000 Patienten zum Opfer fielen (vgl. Hohendorf, et al., 2003, S. A2626). Im aktuellen Zeitgeist befasst sich die Öffentlichkeit zwar immer öfter mit der Thematik; immer öfter findet man etwas dazu in Schlagzeilen oder Talkshows. „Damit rücken die psychischen Störungen aus der Tabuzone, werden ‚normaler'; andererseits wird auf diese Weise aber oft ein Pseudowissen vermittelt, das eher Schubladen öffnet, als einen ganzheitlichen Verständniszugang." (Trost & Schwarzer, 2013, S. 20)

Klaus Dörner bezeichnet in seinem Werk mit dem treffenden Titel „Irren ist menschlich" die Psychiatrie als Ort, „wo der Mensch besonders menschlich ist" (Dörner, Plog, Teller, & Wendt, 2015, S. 10). Ebenso vergleicht er die Frage „Was ist ein psychisch Kranker?" in ihrer Allgemeinheit mit der Frage „Was ist der Mensch?" (vgl. ebd.). Dörners Beschreibung von Betroffener, unabhängig der Diagnose, lautet wie folgt:

> „Ein psychisch Kranker ist ein Mensch, der bei der Lösung einer altersgemäßen Lebensaufgabe in eine Krise und Sackgasse geraten ist, weil seine Verletzbarkeit und damit sein Schutzbedürfnis und sein Bedürfnis, Nicht-Erklärbares zu erklären, für ihn zu groß und zu Schmerzhaft geworden sind."

(ebd., S. 17)

Demnach sind psychische Erkrankungen auf keinen Fall willkürliche oder ursprungslose Begebenheiten, sondern menschliche Reaktionen auf Schwierigkeiten, zu denen ihnen die Ressourcen zur adäquaten Lösung fehlen. Wie genau Betroffene auf eine solche unlösbare Notlage reagiert, das heißt mit welcher Erkrankung genau ihre Psyche reagiert, lässt Dörner offen - zu individuell sind die Grundpersönlichkeiten, die jeweiligen überfordernden Lebenslagen.

Für Lütz steht fest, dass psychisch abweichendes Verhalten nur dann überhaupt unter den Krankheitsbegriff fallen darf, wenn Leid besteht; ansonsten wäre ja nur gesund, wer noch nicht ausreichend untersucht wurde. „Es ist gefährlich, Einsichten, zu denen die Psychiatrie bei leidenden Menschen geplant ist, umstandslos auf nicht leidende Menschen zu übertragen." (Lütz, 2009, S. 29) Die Aufgabe von Ärzten und damit auch von Psychiatern ist es, Leid zu heilen oder zumindest zu lindern. Auffälligkeiten oder „Symptome" ohne eine bestehende Minderung der Lebensqualität dürfen somit nicht Gegenstand der Psychiatrie sein. Auch Diagnosen dienen nur dem Zweck, Beschwerden zu kategorisieren und zusammenzufassen. „Die Unart mancher Psycho-Experten, Diagnosen auch auf Leute anzuwenden, die bei ihnen gar nicht den Krankenschein abgegeben haben [...], ist ein Missbrauch von Diagnosen" (ebd.). Und im Zweifel gilt: Der von der Norm abweichende Mensch ist zwar vielleicht eigen, aber gesund.

Ist ein Leid nun aber gegeben, ist dies nach Lütz auch immer ein Zeichen für eine bestehende Kommunikationsstörung zwischen Betroffenen und Anderen, „mit der normalen Welt" (ebd., S. 29). Damit bedeutet Therapie auch stets, Erkrankte wieder „sozial zu machen". Neben diesem allgemeinen Behandlungsvorschlag ist es jedoch hoch individuell, wie die Therapie von Psychiatriepatienten und -patientinnen ablaufen soll. Diagnosen geben zwar eine (grobe) Krankheitsbeschreibung und Hinweise auf angebrachte Behandlung, doch gibt es nicht „den Schizophrenen", „den Depressiven", „den Süchtigen" (vgl. ebd., S. 37). Erkrankte leiden unter verschiedenen Phänomenen, entweder nur zweitweise oder längerfristig unter bestimmten außergewöhnlichen Erscheinungen – und „jeder auf seine ganz persönliche Weise" (ebd., S. 38).

Lütz beschreibt des Weiteren, dass jede psychische Erkrankung aus zwei Perspektiven betrachtet werden kann; aus der biologischen und aus der lebensgeschichtlichen Perspektive. Auch bringen beide Ansätze ihre eigenen Therapieansätze mit sich. Die biologische Perspektive basiert darauf, dass mit jedem Gedanken, mit jedem Gefühl biologische Gehirnvorgänge zu messen sind. Längst ist bekannt, wie stark chemische Transmitter unsere Stimmung und unser Wohlergehen beeinflussen, sei es nur der kurze Adrenalinrausch bei einem Schreckmoment. Auch bei Hirnverletzungen wird die biologische Perspektive relevant. Fast zwei Drittel der Menschen, die ein schweres Schädel-Hirn-Trauma erlitten, verzeichnen „Persönlichkeits- oder Verhaltensänderungen wie kindisches Verhalten, emotionale Labilität, Reizbarkeit und Unruhe" (Katzlberger & Oder, 2000, S. 209) und/oder einen „Verlust von Sozialkontakten" (ebd.). Für die Behandlung eröffnet der biologische Ansatz die Verwendung von Psychopharmaka. Jedoch stellt die lebensgeschichtliche Perspektive die häufigste Sichtweise bei Betroffenen und Angehörigen dar; Die Depression wird als Folge der Ehekrise gesehen, der schizophrene Wahn ist wohl dem Mobbing in der Schule geschuldet. In der Tat sind es auch oft Ereignisse aus jüngster Zeit, die den Ausbruch aktueller Erkrankungen mitbeeinflusst haben.

Diese Perspektive ist wie die biologische mal mehr, mal weniger relevant. Häufig entstehen aus einer zu starken Fokussierung der Lebenskrisen heraus unangebrachten Schuldgefühle. Vor allem bei der schweren depressiven Episode trägt die genetische Veranlagung eine besonders große Bedeutung – hier sollte es vermieden werden, einen „Schuldigen" zu suchen.

Im Folgenden werde ich das Vulnerabilität-Stress-Modell erläutern, das eine diagnoseübergreifende Erklärung für die Pathologie und Struktur psychischer Erkrankungen liefert. Anschließend werde ich drei konkrete Diagnosen darlegen: die Schizophrenie, Affektive Erkrankungen und Abhängigkeitserkrankungen. Ich habe speziell diese Diagnosen gewählt, weil a) die Affektiven Erkrankungen mit der Depression die wohl noch bekannteste psychische Krankheit umfasst, b) die Schizophrenie im Gegensatz dazu recht sagenumwoben oder schlicht stigmatisiert ist und dennoch heute gut therapierbar ist, und c) Suchterkrankungen in einer Gesellschaft, in der Alkohol und Tabak sehr leicht zu bekommen sind, in meinen Augen bezüglich der Möglichkeiten der Bekämpfung noch näher untersucht werden müssen.

4.1 Das Vulnerabilität-Stress-Modell

Die biologische Perspektive findet sich auch im sogenannten Vulnerabilität-Stress-Modell wieder. Dieses stellt einen Erklärungsansatz für psychische Erkrankungen dar, der dem heutigen Wissensstand entspricht, „dass psychische Erkrankungen meist mehr als eine Ursache haben und die Folge komplexer Wechselwirkungen zwischen biologischen, psychischen und sozialen Faktoren sind." (Hammer & Plößl, 2012, S. 15) Ursprünglich wurde dieses Modell nur für die Entstehung von Schizophrenie entwickeln, lässt sich aber tatsächlich auf die meisten psychischen Erkrankungen übertragen. Vulnerabilität steht als Synonym für Verletzlichkeit für die „Neigung eines Organismus, an einer bestimmten Krankheit zu erkranken" (ebd., S. 16). Diese Krankheitsanfälligkeit kann allein jedoch keine Erkrankung auslösen. Erst, wenn Stress etwa durch Kombination mehrerer biologischer, psychologischer und sozialer Stressoren eine zu große Belastung für ein Individuum darstellt und eine kritische Grenze überschritten wird, wird aus der Verletzlichkeit eine Verletzung.

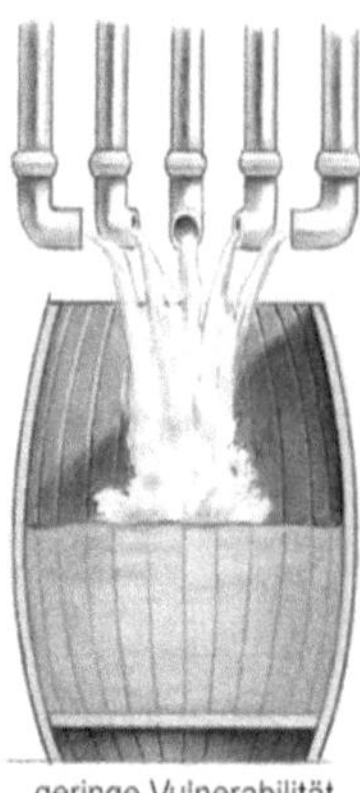
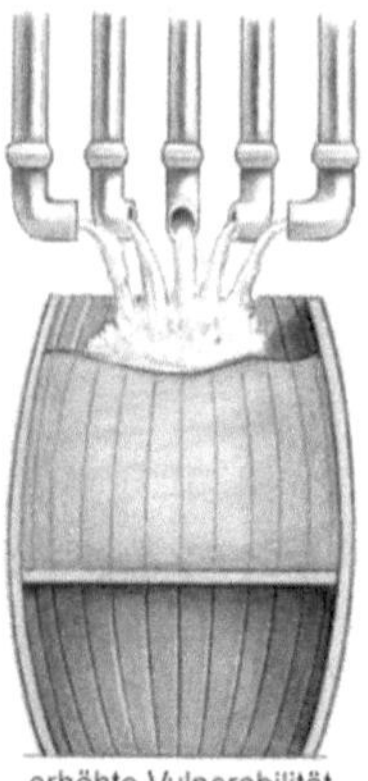
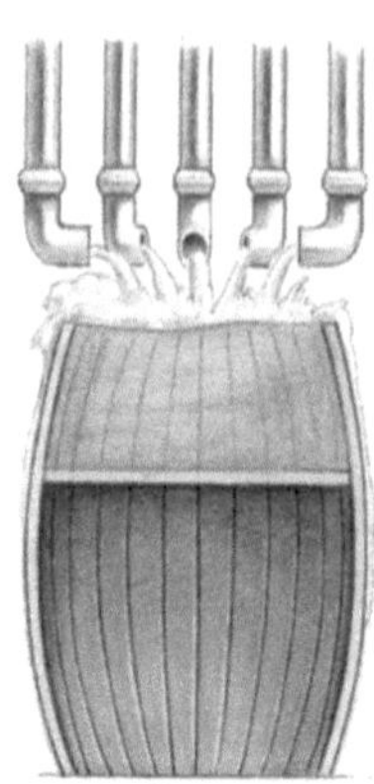

Abbildung 4 (nach Bäuml & Lambert, 2013, S. 20)

Abbildung 4 verdeutlicht dieses Konzept. Je nachdem, wie belastbar Individuen von sich heraus sind, dauert es kürzer oder länger, bis das Fass im übertragenen Sinne überläuft. Die Vulnerabilität einer Person bestimmt, wie viel Stress, wie viel Belastung sie ertragen kann, bis sie mit einer psychischen Erkrankung reagiert. Diese Krankheitsanfälligkeit unterscheidet sich von Mensch zu Mensch und kann sogar während eines Lebenslaufes schwanken. Beeinflusst wird die Vulnerabilität sowohl durch angeborene Faktoren, als auch von erworbenen Defiziten oder Ressourcen. „Angeboren sind natürlich in erster Linie genetische Veranlagungen, aber auch andere Einflüsse der Geburt zählen dazu, z.B. Erkrankungen der Mutter während der Schwangerschaft" (Hammer & Plößl, 2012, S. 16). Biologische Faktoren bezüglich der Vulnerabilität, die erworben werden können sind etwa Erkrankungen oder körperliche Traumata. Negative Einflüsse aus dem psychosozialen Bereich sind beispielsweise kritische Lebensereignisse oder psychische Traumata. Diese können dabei so schwerwiegend sein, dass sie sich wiederum biologisch manifestieren: Verarbeitungsprozesse im Gehirn können sich so verändern, dass Menschen zukünftig sensibler auf Belastungen reagieren. Auch die Einnahme von Drogen kann die Vulnerabilität erhöhen. Gleichzeitig können Ressourcen sowie die Kompetenz, Ressourcen adäquat einzusetzen, hier zuträglich sein: so können psychosoziale Faktoren wie ein unterstützendes Umfeld oder ein leicht erreichbares institutionelles Hilfsnetzwerk die Verletzlichkeit auch mindern (vgl. ebd., S. 17).

Stressoren sind vor allem dann besonders belastend und somit besonders potent, eine psychische Erkrankung mitzuverursachen, wenn sich Individuen ihnen hilflos ausgeliefert fühlen (vgl. ebd., S. 18). Dabei liegt es besonders nahe, vor allem

Schicksalsschläge wie beispielsweise den Tod nahestehender Personen Beachtung zu schenken. Jedoch sollte auch chronischer Stress durch die Belastungen des Alltags nicht unterschätzt werden (vgl. Maier, Winter, & Junker, 2016, S. 23). Oft wirken Stressoren dieser Art nebensächlich, stellen aber „in der Summe und über längere Zeit hinweg eine erhebliche Belastung" (Hammer & Plößl, 2012, S. 18) dar. Sogar positive Erlebnisse können Stress verursachen, der sich als der Tropfen herausstellt, der das Fass zum Überlaufen bringt: etwa „sich zu verlieben, eine neue Wohnung zu beziehen oder eine lang ersehnte Reise anzutreten" (ebd.). Stress sollte jedoch nicht per se als negativ angesehen werden, als etwas, das man abschaffen sollte. Er begleitet uns unser ganzes Leben und ist für die Entwicklung notwendig, weil auch Unterforderung sich belastend auf den Organismus auswirkt. Umso wichtiger ist dafür der Umgang mit Stress. Notwendiger Stress muss ertragen, unnötiger Stress muss abgebaut werden können. Haben Individuen bei der Stressbewältigung Defizite, fördert dies nicht nur viele Krankheiten – auch die Genesung von bestehenden Krankheiten kann deutlich eingeschränkt sein (vgl. Rügauf, 2012, S. 153ff).

Bevor Menschen mit einer so großen Stressbelastung konfrontiert sind, dass die individuelle Belastbarkeit an ihre Grenzen kommt, erleben die meisten Betroffenen zunächst Frühwarnzeichen. Sowohl körperliche, als auch psychische Zeichen zeigen vor dem Ausbruch einer Erkrankung, dass der Organismus „aus dem Gleichgewicht geraten und überfordert ist" (Hammer & Plößl, 2012, S. 21). Durch das rechtzeitige Erkennen und das richtige Reagieren können Erkrankungen noch verhindert werden – und Rückfälle. „Für psychisch kranke Menschen ist es daher wichtig, ihre Frühwarnzeichen genau zu kennen, da sie individuell sehr unterschiedlich sind." (ebd.) In einem sogenannten Krisenplan kann festgehalten werden, wie genau die Anzeichen einer Überbelastung bei einem Individuum ausfallen und wo Selbsthilfe- und Unterstützungsmöglichkeiten liegen.

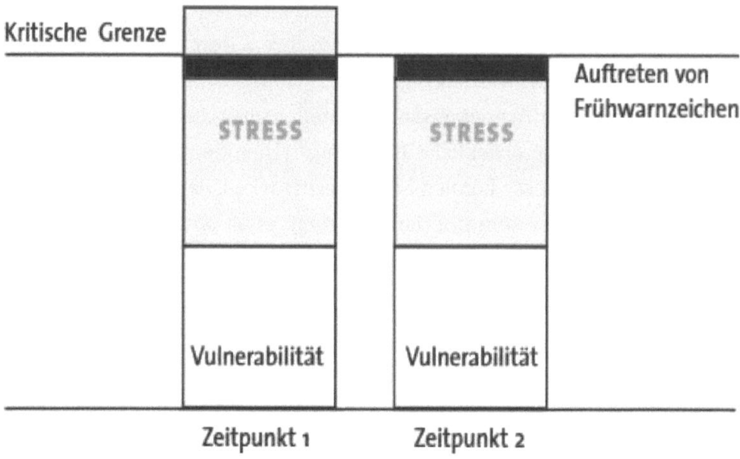

Abbildung 5 (Hammer & Plößl, 2012, S. 22)

Abbildung 5 zeigt zwei Momentaufnahmen eines Menschen, der einer hohen Belastung ausgesetzt ist. Zum Zeitpunkt 1 ist seine kritische Grenze bereits überschritten, und er wird eine psychische Erkrankung wie eine Schizophrenie, eine Depression oder eine Suchterkrankung erleiden. Beim Zeitpunkt 2 ist der große Druck, der auf das Individuum wirkt, jedoch erst noch so groß, dass „Vorsymptome", also seine jeweiligen Frühwarnzeichen auftreten: Jetzt kann er noch reagieren, um den Ausbruch einer Erkrankung noch zu verhindern.

4.2 Spezifische psychische Erkrankungen

Im Folgenden werde ich mehrere Erkrankungen der Psyche näher erläutern. Grundlage dafür ist unter anderem die Internationale Klassifikation der Krankheiten und verwandter Gesundheitsprobleme (original engl. International Statistical Classification of Diseases and Related Health Problems, im Folgenden mit ICD abgekürzt). Die ICD stellt eine weltweit anerkannte Diagnosenklassifikation dar. Sie wird von der Weltgesundheitsorganisation herausgegeben und alle drei Jahre überarbeitet. Aktuell befindet sich die ICD in der 10. Revision, weshalb die in den anschließenden Teilkapiteln beschriebenen Diagnosen auf der ICD-10 basieren (Deutsches Institut für Medizinische Dokumentation und Information, 2019).

4.2.1 Schizophrenie

Die ICD-10 beschreibt mehrere Unterformen der Schizophrenie. Im Allgemeinen ist die Schizophrenie „durch grundlegende und charakteristische Störungen von

Denken und Wahrnehmung sowie inadäquate oder verflachte Affekte gekennzeichnet." (Weltgesundheitsorganisation, 2018, S. 178) Bei Langzeiterkrankungen können sich auch kognitive Defizite entwickeln, jedoch sind intellektuelle Fähigkeiten sowie die Bewusstseinsklarheit in der Regel nicht beeinträchtigt. Häufige Symptome sind eine Veränderung im Denken (etwa Gedankenlautwerdung, Gedankeneingebung), Wahninhalte sowie Negativsymptome, also Einschränkungen des normalen Erlebens (vgl. ebd.).

Dörner beschreibt hauptsächlich vier Felder, auf die sich eine Schizophrenieerkrankung auswirkt: neben den im ICD-10 genannten Denken, Wahrnehmen und Affekten spricht er auch psychosoziale Grenzen als besonders relevant an. Diese Grenzen scheinen zwischen dem Selbst, anderen und der ganzen Welt zu verschwimmen oder gar zu verschwinden. Betroffenen fehlt die Sicherheit zu wissen, wer sie sind; auch daher kann das Gefühl herrühren, beeinflusst zu werden. Eindrücke, Gefühle und Gedanken können nicht als intrinsisch interpretiert werden, sie scheinen von außen zu kommen. Somit fühlen sich Erkrankte auch oft von anderen Personen oder übernatürlichen Kräften gegenüber ausgeliefert und hilflos. Die Wahrnehmung ist dahingehend beeinträchtigt, dass Dinge „zusammengehörig gesehen [werden], die nicht zusammengehören." (Dörner, Plog, Teller, & Wendt, 2015, S. 150) Schizophrenen Personen fällt es schwer, Unwesentliches und Wesentliches zu trennen. Unwesentlichem wird etwa eine zu große Relevanz zugesprochen, sodass beispielsweise fremde Gesichter so bedeutsam wahrgenommen werden, dass der Eindruck entstehen kann, man werde verfolgt. Des Weiteren können auch Reize wahrgenommen werden, die nicht reell bestehen, von akustischen Halluzinationen wie Stimmen über Geruchs- oder optischen Halluzinationen. Auch im Denken kann es schwierig fallen, Wichtiges und Unwichtiges auseinanderzuhalten; für Außenstehende wirken Gedankengänge dann zusammenhangslos und unlogisch. Dörner spricht von Gedankenabreißen und Gedankensprüngen, und eine Unsicherheit darin, Gedanken zu ordnen in ihrer Abfolge und Relevanz. Inhaltliche Denkstörungen stellen dann Wahnvorstellungen dar. Diese ermöglichen oft eine Erklärung und eine Orientierung innerhalb der Außenwelt, und dienen sowohl der Abwehr von äußeren Ansprüchen, als auch die von inneren, unlösbar erscheinenden Konflikten. „Wenn man bei sich überprüft, wie stark man sich von Ideen leiten lässt, von denen man überzeugt ist, so wird die Festigkeit des Handelns von Leuten mit Wahnbildung nachfühlbar." (ebd., S. 152). Die häufigsten Wahninhalte sind Verfolgungswahn, Beeinflussungswahn und Beziehungswahn. Affekte wiederum sind in ihrer Intensität und ihrem Ausdruck beeinträchtigt. Die Gefühlswelt erscheint verarmt, teilweise sind sie jedoch auch sehr heftig. Von Schizophrenie betroffene Menschen haben häufig Schwierigkeiten, Beziehungen einzugehen, zu halten oder zu vertiefen. Situationen der Bedrohung führen hauptsächlich zu Erregung, Spannung und Angst, was dann oft das Handeln bestimmt. Beobachter tun sich dann schwer, diese Handlungen dann zu verstehen, da sie den Grund für die Angst nicht sehen (können). (vgl. Dörner, Plog, Teller, & Wendt, 2015, S. 150ff)

Der Oberbegriff der Schizophrenie wird in verschiedene Formen differenziert. Die Paranoide Schizophrenie beispielsweise zeichnet sich durch ausgeprägte, häufige und beständige Wahninhalte aus. Häufig sind diese Wahnvorstellungen paranoider Natur, „meist begleitet von akustischen Halluzinationen und Wahrnehmungsstörungen" (Weltgesundheitsorganisation, 2018, S. 178). Bei der Hebephrenen Schizophrenie stehen affektive Veränderungen im Vordergrund, Wahninhalte treten höchstens bruchstückhaft auf. Betroffene handeln oft unvorhersehbar, die Stimmung wirkt unangemessen. Desorganisiertes Denken zeigt sich durch zerfahrene Sprache. Bei dieser Form der Erkrankung entwickelt sich sehr rasch eine Negativsymptomatik, die sich vor allem in zunehmender Affektverflachung durchsetzt. Die Katatone Schizophrenie ist vor allem von psychomotorischen Störungen gekennzeichnet. Stadien extremer Erregung bis hin zum völligen körperlichen Erstarren sind üblich. Diese Phänomene können mit ausgeprägten Halluzinationen verbunden sein. Die Schizophrenia simplex bezeichnet ein schleichendes Fortschreiten „von merkwürdigem Verhalten, mit einer Einschränkung, gesellschaftliche Anforderungen zu erfüllen und mit Verschlechterung der allgemeinen Leistungsfähigkeit." (ebd. S. 179). Ohne bedeutende psychotische Symptome steht hier die Negativsymptomatik des schizophrenen Residualzustands im Vordergrund, die unter anderem durch Affektverflachung und vermindertem Antrieb gekennzeichnet ist. Nur ein Drittel der Schizophrenieerkrankungen ist chronisch, ein Drittel der Betroffenen wird dagegen sogar wieder vollständig gesund. Beim letzten Drittel stellt die Erkrankung ein „kleines Defizit" (Lütz, 2009, S. 132) dar, ein geregeltes Berufsleben ist oft trotzdem möglich.

Dörner bezeichnet schizophrenes Handeln als „allgemein-menschliche Möglichkeit" (Dörner, Plog, Teller, & Wendt, 2015, S. 148). Diese kann dann entstehen, wenn ein hochsensibles Individuum eine Trennung oder Teilung nicht aushält. In der Regel entwickelt sich eine Schizophrenie in der Adoleszenz, eben in der Zeit, in der das Erfahren und Verarbeiten von Trennung Entwicklungsaufgabe ist. Junge Menschen sollen sich simultan vom Elternhaus ablösen und sich sowohl an Fremde binden, als auch an Interessen oder berufliche Ziele. „Gegensätze, Entfremdung,

Widersprüche müssen ausgehalten werden und zu neuen Qualitäten der Beziehung und Weltanschauungen führen." (ebd.) Werden diese Entwicklungsaufgaben nicht angemessen gelöst, begünstigt dies den Ausbruch der Krankheit. Ferner erklärt Dörner hier die Rolle der Familie: Oft sind Eltern oder ein Elternteil selbst unsicher dem Leben gegenüber; wünschen sich zwar für ihr Kind, dass es sich von ihnen trennen kann, sind aber gleichzeitig besorgt und handeln eher so, dass es eben nicht loskommt. Dies kann beispielsweise geschehen, indem sie ihr Kind vor all dem Gefahren der Außenwelt warnen (die auch tatsächlich bestehen), oder in dem sie ihr Kind verwöhnen und es so an sich binden. So wächst bei jedem Schritt in die Unabhängigkeit die Angst. Wird diese Angst zu groß, werden bizarre Konstrukte gebaut, „um wieder eine lebbare Situation herzustellen" (ebd., S. 149). Zwar gibt es neben der Familie für den Jugendlichen auch die Umwelt, in der es oft und im besten Fall Brücken gibt, die die Trennung von der Familie erleichtern. Wird diese aber als ausschließlich feindlich erlebt und kann nur innerhalb der Familie Vertrauen erlebt werden, kann der junge Mensch jene nicht verlassen.

Lütz kritisiert das öffentliche Verständnis des Begriffs „schizophren"; wird es doch oft gebraucht, um widersprüchliches und unsinniges Verhalten zu beschreiben. Selbst Fernsehmoderatoren oder Radiosprecher verwenden das Wort immer häufiger, wohl als gehobeneres Synonym für „verrückt". Dabei ist nicht nur die Entstehung der Erkrankung eigentlich logisch und nachvollziehbar. Auch eventuelle Wahninhalte sind in der Regel logisch, in sich schlüssig und organisiert – nur die Grundannahmen des Wahns sind falsch. Selbst die häufigsten wahnhaft verarbeiteten Themen haben irgendwo einen realen Anteil; so ist doch in der Tat „Gift" in unserer Nahrung durch Chemie und Medikamente, so sind wir doch wirklich permanenter Strahlung ausgesetzt von allen elektronischen Geräten, so werden wir doch wirklich überwacht durch öffentliche Kameras und der Speicherung unserer virtuellen Aktivitäten. „An Intelligenz und strategischem Denken nimmt es ein Schizophrener, der unter Verfolgungswahn leidet, mit jedem Generalstabsoffizier auf, nur dass der Generalstabsoffizier zumindest mit seinem befehlshabenden Kommandeur darüber einig ist, dass es den Feind wirklich gibt." (Lütz, 2009, S. 133)

In der Therapie von Menschen mit Schizophrenie spielen Psychopharmaka eine große Rolle. Sogenannte Neuroleptika wirken antipsychotisch. Des Weiteren können angstsenkende und beruhigende Medikation helfen (vgl. Dörner, Plog, Teller, & Wendt, 2015, S. 164). Darüber hinaus ist für Betroffene vor allem ein übersichtlicher Tagesablauf und eine Struktur zuträglich. Äußere Stabilität scheint innere Stabilität auszugleichen, oder zumindest erträglicher zu machen. Klare Abschnitte und Grenzen im Alltag sind für Erkrankte vielleicht deshalb so vorteilhaft, weil psychosoziale Bereiche oder Grenzen in der Wahrnehmung nicht oder nur mangelhaft gegeben sind (vgl. Lütz, 2009, S. 140).

4.2.2 Affektive Erkrankungen

Affektive Erkrankungen (im ICD-10 „Affektive Störungen") bezeichnen Erkrankungen, „deren Hauptsymptome in einer Veränderung der Stimmung oder der Affektivität" (Weltgesundheitsorganisation, 2018, S. 183) bestehen. Diese Stimmungsänderungen können sich in zwei gegensätzlichen Polen zeigen; im gedrückten, niedergeschlagenen Pol der Depression oder im gehobenen, antriebsgesteigerten Pol der Manie. Je nach Diagnose erleiden Betroffene nur in eine dieser Richtungen veränderte Stimmungslagen, oder finden sich abwechseln einmal in einer depressiven, dann wieder in einer manischen Phase. Generell treten die krankheitsspezifischen Symptome häufig in Episoden auf, zwischen denen krankheitsunbeeinflusste Zeiträume liegen. Ausgelöst werden symptomatische Phasen oft durch belastende Erlebnisse (vgl. ebd.).

Die Erkrankung der Depression ist in der Öffentlichkeit wohl bekannter als die der Manie, obwohl letztere deutlich auffälliger ist. Der manische Mensch „sprengt jeden Rahmen, setzt jede soziale Übereinkunft außer Kraft: Takt, Geschmack und alle Erwartungen, auf die sich die Menschen im Umgang miteinander üblicherweise verlassen können" (Dörner, Plog, Teller, & Wendt, 2015, S. 182). Zumindest bei der Form der Hypomanie der unipolaren manischen Episode sind die Auffälligkeiten noch überschaubar; zwar sind auch hier „Reizbarkeit, Selbstüberschätzung und frevelhaftes Verhalten" möglich, (Weltgesundheitsorganisation, 2018, S. 183), jedoch können andere Symptome wie eine leicht gehobene Stimmung und Antriebssteigerung, Fröhlichkeit und Geselligkeit sogar einen sympathischen Eindruck machen. Halluzinationen oder Wahnvorstellungen sind bei der Hypomanie nicht gegeben („hypo" griechisch für „unter"). Bei der regulären Manie kann die Stimmungsveränderung von jener Heiterkeit bis hin zu „unkontrollierbarer Erregung" (ebd.) schwanken. Die Antriebssteigerung führt hier zu regelrechter Überaktivität, die sich unter anderem in einem starken Rededrang zeigen kann. Durch die Übererregung fällt es Betroffenen außerdem schwer, sich zu konzentrieren, sie sind schnell abgelenkt. Hemmungslosigkeit kann zu sich selbst und anderen rücksichtslosen oder situativ unpassenden Verhalten führen. Die ICD-10 unterscheidet zwischen Manie ohne und mit psychotischen Symptomen. Falls psychotische Symptome auftreten, hängen sie oft mit der auch unpsychotischen Selbstüberschätzung zusammen und können sich im sogenannten Größenwahn zeigen.

Dörner sieht einen lebensbiographischen Einschnitt, der den Ausbruch einer Manie begünstigt, hauptsächlich am Anfang des dritten Lebensjahrzehnts verortet. Hier liegt für junge Menschen der Einstieg in das Erwachsenenleben. Die private, berufliche und politische Entfaltung bringt in der Regel ein Streben mit sich, die Welt irgendwo zu verbessern; sie „großzügiger, fröhlicher, lebendiger, demokratischer und partnerschaftlicher, gerechter und lebenswerter, freier, gleicher und brüderlicher" (Dörner, Plog, Teller, & Wendt, 2015, S. 179) zu machen. Autoritäten werden hinterfragt, gegen die Politik wird demonstriert und rebelliert. In diesem Kontext sind nach Dörner auch bestimmte Bewegungen einzuordnen, unter anderem „Hippies, Rocker und Punker" (ebd.). Dieser Aufbruchswunsch wird von einer natürlichen Angst begleitet, da wenig Sicherheiten bestehen und viel ausprobiert werden muss. Diese Verunsicherung jedoch zu zeigen, ist nicht erlaubt – würde das den Erwachsenen und Autoritäten doch zeigen, dass man doch nicht alles besser weiß. Lebt nun eine Person in dieser Lebensphase diesen natürlichen Unabhängigkeitswunsch nicht aus und behält seine Rebellion für sich, kann es dazu kommen, dass sei eine von Dörner „unzurechnungsfähigen Zustand" entwickelt: nun kann sie endlich ihre „Gefühle äußern und jedem [ihre] Meinung ins Gesicht schreien, alles niedermachen." (ebd., S. 180)

Die unipolare Depression beschreibt die ICD-10 durch eine gedrückte Stimmung und einen Antriebsverlust. „Die Fähigkeit zu Freude, das Interesse und die Konzentration sind vermindert." (Weltgesundheitsorganisation, 2018, S. 185) Des Weiteren sinkt die Belastbarkeit von Betroffenen. Schlafstörungen und ein verminderter Appetit sind weitere typische Symptome. Auch das Selbstwertgefühl von Betroffenen leidet, schnell treten Gefühle der Wertlosigkeit auf. Die ICD-10 zählt im Zusammenhang mit der Depression auch eine Reihe an somatischen Symptomen auf: „Früherwachen, Morgentief, deutliche psychomotorische Hemmung, Agitiertheit, Appetitverlust, Gewichtsverlust und Libidoverlust." (ebd.) Sie unterscheidet, je nach Anzahl der psychischen Symptome, zwischen der leichten, der mittelgradigen und der schweren depressiven Episode. Während bei der leichten depressiven Episode den alltäglichen Aktivitäten noch nachgegangen werden kann, haben Patienten der mittelgradigen Erkrankung dabei oft große Schwierigkeiten. Menschen, die unter der schweren depressiven Episode leiden, sind häufig so betroffen, dass es häufig zu Suizidgedanken bis hin zu tatsächlichen Suizidhandlungen kommt. Diese schwere Form der Depression kann zudem auch von psychotischen Symptomen begleitet sein, also auch mit den bereits beschriebenen Halluzinationen, Wahnideen bis hin zum Stupor einhergehen. Treten die krankheitsbedingten Episoden wiederholt auf, spricht die ICD-10 von der „Rezidivierenden depressiven Störung" (vgl. ebd., S. 186).

Haenel kritisiert den verbreiteten Fehlglauben, man könne schon kurze Verstimmungen als „depressiv" bezeichnen. Diagnostiziert werden darf eine Depression nur, wenn sich die beschriebenen Symptome über Wochen oder Monate hinziehen. Die Niedergeschlagenheit bezeichnet er als Übertraurigkeit, „in der keine Freude mehr empfunden werden kann, wo jede Entscheidung zu einem riesigen Problem wird, wo die Gedanken unaufhörlich um pessimistische Inhalte kreisen" (Haenel, 2017, S. 10). Der benannte Antriebsverlust zeigt sich genauer darin, dass schon kleine Arbeiten, die ansonsten mühelose bewältigbar wären, als unüberwindbare Hürde wirken. Auch beschreiben viele Betroffene eine Gefühlsleere, „können z.B. nicht mehr weinen, obschon sie zutiefst depressiv sind" (ebd.). Aus diesem Grund können Tränenausbrüche sogar ein Zeichen einer Verbesserung sein. Des Weiteren sieht Haenel eine oft mit der Depression zusammenhängende Angst als zusätzlich belastend. So sind Angststörungen eine häufige psychiatrische Erkrankung, werden aber nur in der Minderheit adäquat oder überhaupt behandelt. So können übertriebene, irrationale Ängste der Depression vorausgehen (vgl. ebd., S. 23)

In der heutigen Zeit werden Depressionen häufiger diagnostiziert als früher. Nach Haenel liegt dies sowohl an den Fortschritten der Depressionsforschung, als auch an der heute größeren Bereitschaft Betroffener, sich ihre Erkrankung einzugestehen und sich in Behandlung zu begeben (in der Regel zunächst beim Hausarzt). Interessant ist dabei, dass Frauen häufiger mit Depression diagnostiziert werden als Männer; Gründe hierfür werden kontrovers diskutiert. Zum einen sind Frauen öfter betroffen von hormonellen Schwankungen als Männer, etwa durch Schwangerschaften oder die Wechseljahre. Zum andern können auch Mehrfachbelastungen ein Erkrankungsauslöser sein, wie das gleichzeitige Erziehen der Kinder und die Verantwortung im Beruf. Außerdem stellt sich die Frage, ob Frauen eher dazu neigen, sich Hilfe zu suchen und auch so eine Diagnose beim weiblichen Geschlecht häufiger zustande kommt. Auffällig ist auch, dass Depressionen in Europa häufiger sind als in Entwicklungsländern. Dies hängt unter anderem mit der fortschreitenden Vereinsamung der Menschen in Industrieländern zusammen. Der Zusammenhalt in Familien sinkt, zudem tragen mangelnde Einbindungen in Institutionen und der schwindende Einfluss der Kirche zur Isolierung Einzelner bei (vgl. Haenel, 2017, S. 14ff).

Dorner sieht die die Phase des mittleren Erwachsenenalters als besonders „depressionsfreundlich" (Dörner, Plog, Teller, & Wendt, 2015, S. 191). Insgesamt zählt er in dieser Phase sechs Schwierigkeiten auf, mit denen Menschen dann konfrontiert sind:

1. Mangelnde verfügbare Zeit, um allen Wünschen, Träumen und Interessen nachzugehen; Verzicht unvermeidbar
2. Weitere Einschränkungen, Vorgaben, Druck durch Beruf und Arbeit
3. Mangelnde Selbsterfahrungen
4. Überforderung mit dem gleichzeitigen Ehe- und Familienleben
5. Überdimensionale Ansprüche an Partnerschafts-/Ehe-/Familienleben
6. Partnerschaftskrisen (vgl. ebd., S. 192ff)

Insgesamt sieht Dörner Partnerbeziehungen sowohl als Wege in, als auch aus der Depression. Konkrete Partnerschaftskonflikte sind beispielsweise Abhängigkeiten voneinander oder gegenteilig zu große Distanz zwischen einander, Perfektionismus und Kompromissunfähigkeit. Falls eine solche dysfunktionale Beziehung nun einen krankheitsauslösenden Faktor bildet, sind beide Partner Ko-Produzenten der Depression. Aus diesem Grund sollte die Therapie in diese Falle beide Partner mit einbeziehen, um eine angemessene Behandlung zu gewährleisten. Um schon präventiv eine depressionsfördernde Beziehung zu vermeiden, betont Dörner die Wichtigkeit darin, Trauer zuzulassen, etwa, wenn Abstriche vom imaginären Idealpartner gemacht werden müssen (vgl. ebd.). Schließlich ist Trauer ein normalpsychologischer Zustand, in dem Leid verarbeitet wird (vgl. Haenel, 2017, S. 13).

Treten nun bei einem Menschen sowohl Episoden der Manie, also auch Episoden der Depression auf, spricht die ICD-10 von der Bipolaren affektiven Störung. Die genaue Diagnose richtet sich nach der aktuellen Phase, in der sich Betroffene befinden (bspw. „Bipolare affektive Störung, gegenwärtig hypomanische Episode" oder „Bipolare affektive Störung, gegenwärtig schwere depressive Episode mit psychotischen Symptomen") (Weltgesundheitsorganisation, 2018, S. 184). „Reihenfolge und Dauer der einzelnen Phasen können individuell sehr unterschiedlich sein." (Trost & Schwarzer, 2013, S. 188) Diese kombinierte Version betrifft knapp ein Drittel der Menschen mit affektiver Erkrankung. Der Großteil dieser Krankheitsklasse wird durch die unipolare Depression eingenommen, während die unipolare Manie nur 5% der Erkrankten betrifft.

4.2.3 Abhängigkeitserkrankungen

Abhängigkeit oder Sucht sind jene psychischen Erkrankungen, die eine größere Aufmerksamkeit in der Öffentlichkeit zu erhalten scheinen. Zwar erregt auch die Depression regelmäßig das Interesse der Allgemeinheit, etwa wenn sich bekannte Persönlichkeiten suizidieren und damit die Relevanz der Thematik steigt. Abhängigkeit jedoch wird fast schon grundsätzlich diskutiert – ist etwa die Frage, ob das Verbot um die Droge Cannabis gelockert werden sollte, schon seit vielen Jahren Teil politischer Diskurse. Grund dafür kann auch sein, dass wir zumindest hier in Deutschland schon von klein auf mit einer Reihe an Suchtstoffen konfrontiert werden; angefangen bei Alkohol und Tabak, die man in jedem Supermarkt in zig verschiedenen Varianten und Geschmäckern erwerben kann.

Die Gegenstandsbestimmung von Abhängigkeit ist dennoch nicht so einfach, wie sie anhand des Bekanntheitsgrades erscheinen könnte. Ist man denn schon Alkoholiker, wenn man jeden Abend sein Feierabendbier genießt? (Auf jeden Fall nicht, wenn kein Leid besteht und man der Argumentation von Lütz folgt.) „Das entscheidende Charakteristikum der Abhängigkeit ist der oft starke, gelegentlich übermächtige Wunsch oder das unstillbare Verlangen, Substanzen [...] zu konsumieren." (Ladewig, 1996, S. 30) Darüber hinaus kann Sucht auch stoffungebunden sein, wenn Triebe oder Interessen „süchtige Dimensionen annehmen" (ebd.); Beispiele hierfür sind sexuelle Süchte oder die Spielsucht. Die Abhängigkeit zu befriedigen stellt für Betroffene oft eine sehr hohe Priorität dar, sodass andere Verhaltensweisen, die früher eventuell auch noch wichtig für das Individuum waren, heute durch die Erkrankung hinten anstehen.

Neben dem Inhalt der Abhängigkeit ist auch nach der Form der Abhängigkeit zu unterscheiden. Bei der psychischen Abhängigkeit wirkt ein innerer Zwang auf Betroffene, der dazu befiehlt, den Suchtstoff zu konsumieren oder die betroffene Handlung auszuführen, also beispielsweise entweder Alkohol zu trinken oder um Geld zu spielen. Liegt eine körperliche Abhängigkeit vor, zwingen Entzugserscheinungen die Erkrankten, ihre Sucht zu befriedigen; entweder weil die Entzugserscheinungen aktiv wirken und sich belastend auf die Betroffenen auswirken, oder weil die Entzugserscheinungen präventiv unterdrückt werden. (vgl. Ladewig, 1996,

S. 30) Symptome eines Entzugs sind unter anderem Ängste, Verstimmungen, Zittern, Schweißausbrüche und Schmerzen. (vgl. ebd., S. 32; Teischel, 2014, S. 98)

Die ICD-10 listet einige Abhängigkeitserkrankungen unter der Klasse „Psychische und Verhaltensstörungen durch psychotrope Substanzen" (Weltgesundheitsorganisation, 2018, S. 175). Schon beim Titel der Krankheitsgruppe fällt auf, dass hier ausschließlich Substanzabhängigkeiten aufgezählt werden. Weitere, stoffungebundene Suchterkrankungen werden unter anderen Kapiteln aufgeführt, wie die Nymphomanie etwa unter „Verhaltensauffälligkeiten mit körperlichen Störungen und Faktoren", Unterkapitel „Sexuelle Funktionsstörungen, nicht verursacht durch eine organische Störung oder Krankheit" (ebd., S. 198ff), oder die Spielsucht unter „Persönlichkeits- und Verhaltensstörungen", Unterkapitel „Abnormale Gewohnheiten und Störungen der Impulskontrolle" (ebd., S. 203ff). Gemeinsamkeit ist hier, dass stets von einem veränderten Verhalten gesprochen wird. Das Abhängigkeitssyndrom, welches eines von mindestens vier der Kriterien einer stoffgebundenen Sucht sein kann, spricht auch vom jenem starken Wunsch, die jeweilige Substanz einzunehmen, und von Schwierigkeiten dabei, diesen Konsum zu kontrollieren; des Weiteren wird hier auch „anhaltender Substanzgebrauch trotz schädlicher Folgen" (ebd., S. 175) genannt. Außerdem wird der Anstieg der Toleranzschwelle bezüglich des Stoffes angemerkt. Mit fortschreitender Erkrankung sind Betroffene also immer mehr dazu in der Lage, ihren Suchtstoff in höheren Mengen zu konsumieren – oder müssen dies sogar, um eine gleichbleibende Wirkung und ausbleibende Entzugserscheinungen zu gewährleisten.

Auch bei der Entstehung von Abhängigkeitserkrankungen müssen mehrere Faktoren gegeben sein. Die biologischen Anteile dürfen dabei auf keinen Fall unterschätzt werden. Eine Adoptionsstudie ergab, dass Kinder alkoholkranker Eltern ein bis zu 4-fach erhöhtes Risiko aufweisen, selbst an Alkoholismus zu erkranken – auch ohne den Kontakt zu jenen Suchterkrankten (vgl. Tretter, 1998, S. 132f). Jedoch müssen auch unterschiedliche Persönlichkeitsmerkmale gegeben sein, damit Substanzen oder Verhaltensweisen eine Funktion erhalten, die sich zu Abhängigkeiten entwickeln können. „Dies gilt insbesondere für Menschen mit einer Unausgeglichenheit in den Einstellungen und im Verhalten, speziell im Gefühlsbereich, im Antrieb, in der Impulskontrolle, in der Wahrnehmung und im Denken sowie in der Beziehung zu anderen Menschen." (Ladewig, 1996, S. 33)

Ladewig zählt acht Persönlichkeitsauffälligkeiten auf, die sich häufig bei Abhängigkeitserkrankten feststellen lassen.

1. Zunächst lässt sich häufig ein gewisses Misstrauen erkennen. Dies hat eventuell eine erhöhte Verletzlichkeit zu Grunde, durch die in übertriebenen Maßen auf Enttäuschungen und Zurückweisungen reagiert wird. Betroffene neigen ebenfalls dazu, Erlebtes mit der Tendenz zum Negativen zu verarbeiten; auch positive Handlungen Dritter werden dann feindlich gedeutet.

2. Der Konsum von Drogen kann auch dadurch impliziert sein, dass Individuen Freude in nur unzureichendem Maße erleben und auf der Suche nach deutlich spürbaren Reizen sind. Bei Menschen, bei denen dies zutrifft, ist die Phantasie häufig sehr ausgeprägt.

3. Abhängige zeigen oft Anteile verantwortungslosen Verhaltens; soziale Normen werden missachtet, Schuld wird oft bei Fremden gesucht. Dies ist jedoch auch häufig erst die Folge von Suchterkrankungen.

4. Auch emotionale Labilität kann sowohl Folge, als auch Indikator für suchthaftes Verhalten sein. Emotionale Labilität kann sich in „intensiven, aber unbeständigen Beziehungen zeigen" (Ladewig, 1996); in mangelnder Selbstkontrolle und impulsiven Verhalten zeigen.

5. Ebenso kann eine gewisse Unreife dazu beitragen, dass Menschen abhängig werden. Betroffene versuchen oft dies durch Aufregung, Spannung und dem Erregen von Aufmerksamkeit zu kompensieren. Angemerkt sei hierbei jedoch, dass Abhängigkeiten häufig auch sehr unauffällig sind, versteckt werden (vgl. Dörner, Plog, Teller, & Wendt, 2015, S. 240).

6. Des Weiteren scheint es, als würden manche Abhängigkeitskranke versuchen, eine tieferliegende Unsicherheit zu kompensieren, die sich etwa in Unentschlossenheit, dem Hang zum Zweifeln und übermäßiger Vorsicht ausdrückt. „Weitere Charakteristika solcher Menschen sind Gewissenhaftigkeit bis hin zur Zwanghaftigkeit." (Ladewig, 1996, S. 34f)

7. Zusätzlich kann Angst bei Suchterkrankungen eine Rolle spielen. Ängste und Sorgen tragen den Wunsch nach Sicherheit und Geborgensein mit sich – und eventuell den Versuch, diesen Wunsch mit Drogen zu erfüllen.

8. Zuletzt beschreibt Ladewig die häufige Neigung, Verantwortung abzugeben. Schon dadurch zeigen sie sich abhängig, eben gegenüber anderen Personen. (Ladewig, 1996, S. 32ff)

Sind nun biologische und psychosoziale Dispositionen in solchem Maße gegeben, dass zu viel Stress entsprechend dem Vulnerabilität-Stress-Modell zu einer Überlastung im Individuum führt, kann eine Suchterkrankung sich als die individuelle Überlastungsreaktion herausstellen. Dass ähnlich wie bei der Schizophrenie die Form der Abhängigkeit deutlich variieren kann, liegt unter anderem am jeweiligen Schwerpunkt der Belastung: „Wenn man davon ausgeht, dass psychoaktive Substanzen (Drogen) entweder beruhigend, dämpfend und sogar angstlösend oder im Gegenteil stimulierend wirken können, lässt sich verstehen, dass Menschen mit unterschiedlichen Persönlichkeitszügen verschiedene Wirkungen suchen." (Ladewig, 1996, S. 35)

5 Sport als Ressource für Menschen mit psychischer Erkrankung

Dass Sport gesund ist, weiß wohl jedes Kind. Manche vielleicht, weil sie den Schülerduden lesen: dieser sieht etwa im Schulsport neben der sozialpädagogischen Rechtfertigung auch klar gesundheitliche Vorzüge (vgl. Schülerduden, 1987, S. 405). Dabei muss jedoch nicht jede körperliche Aktivität, die um der Gesundheit Willen ausgeführt wird, unter den Sportbegriff fallen (s. Abb. 6). Brand unterteilt hier klar zwischen Sport, der primär aus Gesundheitszielen verfolgt wird, und sogenannten Lebensstilaktivitäten.

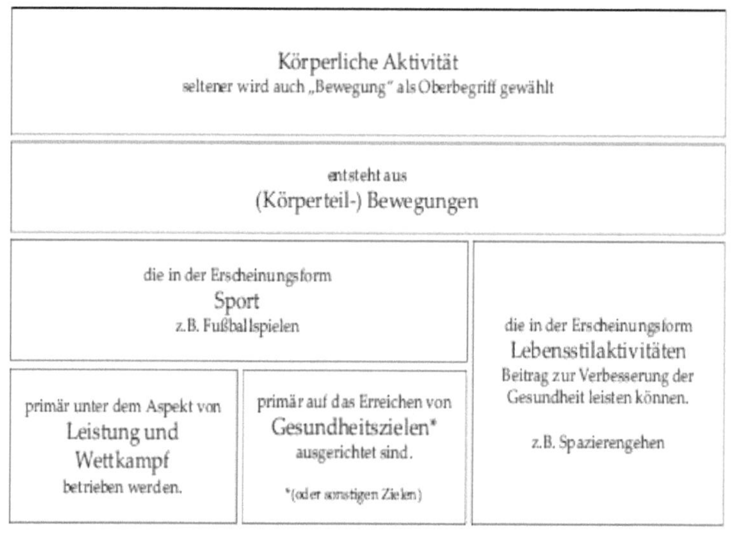

Abbildung 6 (Brand, 2010, S. 13)

Demnach umfassen Lebensstilaktivitäten alle körperlichen, nicht sportlichen Aktivitäten, die eine Verbesserung der Gesundheit bewirken sollen. Entscheidungen im Alltag, etwa die Treppe zu benutzen, anstatt Fahrstuhl zu fahren, oder nach langem Sitzen im Büro in der Mittagspause spazieren zu gehen, sind freilich kein Sport, aber dennoch Bewegung zur Steigerung des Wohlbefindens. Brand zählt sogar Fahrradfahren unter Lebensstilaktivitäten; obwohl die Wenigsten bezweifeln werden, dass das Fahrrad auch zu hoch anstrengender sportlicher Aktivität genutzt werden kann; hier beruft sich Brand auf „anspruchsloseres" Radeln, zum Beispiel der kurze Weg zum nächsten Supermarkt (vgl. Brand, 2010, S. 13).

Aufgrund der allgemeinen Vorteile für die Gesundheit wird Sport auch schon lange aktiv für die Gesundheitsförderung eingesetzt, etwa in Form von Rehabilitationssport oder in betrieblichen Gesundheitsmanagement. Im psychiatrischen Bereich jedoch gewinnt Sport- und Bewegungstherapie nur langsam an Anerkennung, obwohl Sport eben durch seine sozialen Aspekte besonders der „Teilhabe am gesellschaftlichen Leben" (Huber & Schüle, 2012, S. 5) zuträglich ist. Schon diese eine Eigenschaft des Sports kann sich nach der ICF deutlich auf den Gesundheitszustand eines Menschen auswirken – dabei bestehen noch viele andere.

In diesem Kapitel werde ich die gesundheitlichen Vorteile von Sport für die Psyche aufzählen und dabei auf die zuvor in Kapitel 3 dargelegten Gesundheitsmodelle eingehen, um aufzuzeigen, an welchen Parametern die Wirkungsweisen von Sport ansetzten. Zunächst werde ich biomedizinische Effekte untersuchen, dann genau auf die Rolle von Stress im Bezug zu Sport beschreiben und zuletzt auf psychosoziale Ressourcen nach Sygusch eingehen. Darüber hinaus werde ich konkret auf die unter 4.2 beschriebenen Diagnosen eingehen und jeweils spezifische Erkenntnisse darlegen, die bei den jeweiligen Erkrankungen in Verbindung zu Sport festgestellt werden konnten.

5.1 Der biologische Aspekt

Für Brand ist die positive Wirkung von Sport auf die Stimmung der Sportreibenden weitestgehend gesichert (vgl. Brand, 2010, S. 51). „Zumindest in den westlichen Industriestaaten gehört es zu den modernen Selbstverständlichkeiten zu wissen, dass körperliche Aktivität und besonders auch Sport einen wertvollen Beitrag zur Gesundheit leisten können" (ebd., S. 49). Sport hat einen Einfluss auf das Selbstwertgefühl und auf das Selbstkonzept, das ein dynamisches Konstrukt einer Schnittmenge aus Emotion, Motivation und Kognition darstellt. Letzteres beeinflusst maßgeblich die Interpretation des eigenen Verhaltens, sowie das Verhalten selbst.

Nun besteht eine Reihe von Begründungen, die diese Effekte und noch weit mehr aus der biomedizinischen Perspektive zu erklären versuchen. Zunächst wird durch sportliche Aktivität eine große Anzahl an Botenstoffen ausgeschüttet: zum Beispiel die zu den Schmerzhemmern zählenden Endorphine, die auch bei positiven Stimmungsveränderungen mitwirken. Auch der Neurotransmitter Noradrenalin kann bei körperlicher Belastung vermehrt im Blutkreislauf festgestellt werden. Besteht im Körper eine zu geringe Dichte dieser und anderer sogenannter Katecholamine, wie Dopamin und Adrenalin, fördert dies depressive Stimmungszustände. Sogar körpereigene Cannabinoide werden beim Sporttreiben ausgeschüttet: neben verminderter Schmerzwahrnehmung werden dadurch auch intensive subjektive Erfahrungen gefördert, Ängstlichkeit verringert und das Wohlbefinden im Allgemeinen gesteigert (vgl. Brand, 2010, S. 55).

Auch botenstoffunabhängige Reaktionen, die durch sportliche Aktivität ausgelöst werden, haben einen Einfluss auf das Wohlbefinden. Auch die gesteigerte Durchblutung des Körpers und eine erhöhte Stoffwechselaktivität, was kombiniert zu einem Anstieg der Körpertemperatur führt, ist dabei zuträglich. Des Weiteren beansprucht Sport „die kognitive Informationsaufnahme und -verarbeitungskapazität sodass von der Wahrnehmung anderer Stressoren abgelenkt wird" (ebd.). Dies bedeutet, dass Individuen während sportlicher Aktivitäten nicht in der Lage sind, sich groß von akut irrelevanten Belastungen und Sorgen beeinflussen zu lassen. Auch die „Transiente Hypofrontalitätshypothese" unterstützt diese Aussage: Diese besagt, dass unter körperlicher Belastung neuronale Ressourcen in die Hirnareale verschoben werden, die für die komplexen Bewegungsabläufe besonders aktiv sein müssen. Ist die neuronale Auslastung in den sensorischen, motorischen und autonomen Gehirnbereichen verortet, sind keine ausreichenden Ressourcen mehr vorhanden, um den präfrontalen Cortex noch so zu versorgen, dass komplexere kognitive Aufgaben oder die emotionale Informationsverarbeitung während des Sports nur nachrangig behandelt werden (vgl. Brand, 2010, S. 55f).

5.2 Stress und Sport

Die krankheitsfördernde und genesungsmindernde Seite von Stress wurde im Rahmen des Vulnerabilität-Stress-Modell schon erläutert. Damit kann auch dieses Modell erklären, weshalb Sport sowohl bei der Vorbeugung eines Ausbruchs oder eines Rückfalls einer psychischen Erkrankung, als auch beim Heilungsprozess einen großen Stellenwert einnehmen kann: „Sportliche Aktivität ist ein bedeutsamer Faktor für die Stressvermeidung [und] für seine Bewältigung" (Mock, 2017, S. 41).

Sporttreibende profitieren dabei sowohl vom gesundheitsschützenden Aspekt der Stressreduktion, als auch durch eine Abmilderung vorhandener Einschränkungen und Gefahren durch unnötigen Stress. Schützend wirkt Sport unter anderem deswegen, weil persönliche und soziale Ressourcen gestärkt werden (vgl. ebd.). Das Erfahren von Selbstwirksamkeit etwa oder die oft mit Sport einhergehenden sozialen Kontakte ermöglichen einen besseren Umgang und ein konstruktiveres Verarbeiten von Stressoren, indem sie als bewältigbarer eingeschätzt werden oder sich die Möglichkeit ergibt, sich Unterstützung zu besorgen. Das Abfedern bestehender

Stressoren kann durch ähnliche Komponenten des Sports erfolgen: Leidet ein Individuum unter sozialer Isolation, fängt ihn beispielsweise eine Teamsportart hierbei auf. Fühlt sich jemand oft hilflos, kann er oder sie durch Sport lernen, durch viel Arbeit (Training) Fortschritte zu machen und sich selbst zu verbessern.

Insgesamt wurden durch Studien kognitive, affektive, behaviorale und physiologische Stressreaktionen nachgewiesen, die durch Sport beeinflusst werden – das bedeutet, dass der menschliche Organismus durch sportliche Betätigung sogar lernt, emotionale Beeinträchtigungen wie Ängste besser zu verarbeiten. Dies liegt unter anderem daran, dass sportliche Belastung ähnliche Effekte auf den Körper hat, wie ein Stressor sonstiger Art. Sport stimuliert das neurophysiologische Stresssystem und trainiert es auf diese Weise auch, „weshalb der Organismus widerstandsfähiger gegenüber psychosozialer Stressoren wird" (Mock, 2017, S. 43). Besonders Ausdauertraining kann wohl die Schwere von Stress und seinen Folgen signifikant verringern (ebd.).

Bei der Untersuchung der Zusammenhänge zwischen Stress und Sport ist zusätzlich zu beachten, wie sich umgekehrt eine steigende Stressbelastung auf das Sportverhalten auswirkt. Stellt Sport einen „integrale[n] Bestandteil des Tages- bzw. Lebensablaufs" (Mock, 2017, S. 44) dar, neigen diese Menschen eher dazu, auf Stress mit einer Steigerung der sportlichen Aktivität zu reagieren. Gelegenheitssportler und -sportlerinnen jedoch reagieren gegenteilig mit einer Minderung der sportlichen Aktivität. Dies kann auf die jeweilige Sichtweise dieser unterschiedlichen Menschengruppen zurückgeführt werden: Während Individuen, die Sport in ihr Leben integriert haben, wahrnehmen, dass ihnen Sport viel „gibt" und auch als Bewältigungsmaßnahme einsetzen, erleben Gelegenheitsaktive die körperliche Belastung in Zeiten von Mehrbelastung als zusätzliche Belastung. Nach Fröböse müsse jedoch jeder mehr Sport machen, wenn der Stress zunimmt (vgl. von der Tann, 2017). Die jeweilige Sportart ist dabei irrelevant, vor allem die Intensität ist hierbei relevant. „Die Stresshormone wie etwa Cortisol werden in Balance gebracht" (ebd.). Froböse begründet dies damit, dass durch Sport ein anspannender Reiz gesetzt wird, auf den dann Entspannung folgt. Nach sonstigem Stress, beispielsweise einem anstrengenden Arbeitstag, geschieht dies nicht automatisch.

Es scheint eindeutig, dass Sport eine stressmindernde Wirkung hat und sich damit insgesamt positiv auf die psychische Gesundheit auswirkt. Jedoch ist nicht außer Acht zu lassen, dass Sport in manchen Lebenssituationen auch selbst negativen, belastenden Stress verursachen kann. Gerber beruft sich dabei auch eine Studie von Kimball und Freysinger, die ergab, dass College-Athleten in ihrem

Sportengagement zwar Selbstbestimmung, Kompetenzerlebnisse und Unterstützung erlebten, welche sie als stressmindernd wahrnahmen, jedoch dann eine Belastung erfuhren, wenn dieses Erleben ausfiel (vgl. Gerber, 2008, S. 193, nach Kimball & Freysinger, 2003). Dies geschah etwa durch große Kontrolle durch den Trainer oder die Teamkollegen, oder durch soziale Schwierigkeiten wie geringem Rückhalt. „Im Wettkampf- und Leistungssport wird ferner befürchtet, Konkurrenzdenken, Leistungsdruck sowie Spannungen mit Kollegen, Gegnern und dem Trainer könnten zusätzliche Stressbelastungen hervorrufen." (Gerber, 2008, S. 194) Auch ein zu leistungsorientiertes Gruppenklima kann dazu führen, dass Stress im Sport sogar entsteht, anstatt hin vorzubeugen oder abzubauen. Wenn es einem Athleten oder einer Mannschaft in einem Wettstreit nur um den Sieg geht, kann dieses reine Leistungsstreben sich belastend auswirken.

Doch auch außerhalb des Wettkampfsports kann Sport Stress verursachen. Neben der Tatsache, dass sportliche Aktivität wie jede andere Aktivität auch Zeit beansprucht und so auch Zeitdruck entstehen kann, scheint vor allem unregelmäßiges Sporttreiben dazu zu neigen, bei Individuen einen Stressor dazustellen. Gerber erklärt dies damit, dass Gelegenheitssportler und -sportlerinnen bei nur sporadischem Engagement sich dann zu viel zumuten und sich zu intensiv körperlich belasten, oder die unter 2.1 angesprochene wichtige Regenerationszeit unterschätzen und missachten. Bei denjenigen, die regelmäßig Sport treiben, „kann dagegen ein vorrübergehender oder länger andauernder Rückfall in einen sedentären Lebensstil Gefühle der Schuld, des Unvermögens, er mangelnden Selbstbestimmung oder der Beharrlichkeit auslösen" (Gerber, 2008, S. 194). Außerdem erhöht häufige sportliche Belastung das Risiko von Verletzungen. Wenn der Sport für Individuen eine zu große Bedeutung erhält, kann sich auch die sonstige Eigenschaft, dass Sport zu sozialen Kontakten und Ressourcen verhelfen kann, dazu führen, dass soziale Kontakte vernachlässigt werden.

5.3 Psychosoziale Ressourcen in Bezug zum Gesundheits- konzept der ICF und zum Salutogenesemodell

In Kapitel 3 habe ich bereits das Gesundheitsmodell der Weltgesundheitsorganisation und Antonovskys Salutogenesemodell dargelegt. Anhand dieser Konzepte lässt sich besonders gut beschreiben, wie umfassend sportliche Aktivität mit Gesundheit zusammenhängt. Im folgenden Abschnitt werden nun einige psychosozialen Ressourcen in diesen Modellen verortet und dadurch aufgezeigt, aus wie vielen Winkeln Sport positiv auf die (psychische) Gesundheit einwirken kann.

Im bisherigen Verlauf wurden bereits sporadisch psychosoziale Ressourcen angesprochen, etwa soziale Kontakte oder das Selbstkonzept. Sygusch zählt eine ganze Reihe von psychosozialen Ressourcen auf, die in verschiedenen Bereichen des Sports anzutreffen sind. Sie eignen sich deshalb besonders, sie in das Konzept der ICF oder in das Salutogenesemodell mit seinen generalisierten Widerstandsressourcen einzurahmen, da psychische Erkrankungen nach Kilian und Becker besonders durch den Mangel an Ressourcen genährt werden (vgl. Kilian & Becker, 2006). Gerade fehlende soziale Ressourcen scheinen bei Menschen mit psychischer Erkrankung besonders schwerwiegend zu sein (vgl. Rüegger, 2012).

Um mit einen der psychosozialen Ressourcen zu beginnen, die im Rahmen dieser Arbeit bereits benannt wurde, sieht Sygusch die Selbstkompetenz durch alle Felder des Sports hindurch vertreten: Ob schon im Jugendalter im Sportunterricht, in Sportverbänden, im Leistungssport oder einfach passiv im Konzept völlig verschiedener Sportarten fördert sportliche Aktivität durch das Stabilisieren des Selbstkonzepts die Bewältigung von Anforderungen im Sport selbst (etwa Misserfolge) oder schlicht im Alltag. Dies geschieht, indem sowohl ein realistisches Bild des Selbst gefördert wird (etwa durch das Erleben eigener Kompetenzen), als auch eine konstruktive Bewertung des Selbst begünstigt wird („Ich bin zufrieden mit mir") (vgl. Sygusch, 2007, S. 55). „Ein stabiles Selbstkonzept ist – als informationsverarbeitende und verhaltenssteuernde Instanz – eine wichtige Ressource für die Bewältigung von Entwicklungsaufgaben, Alltagsanforderungen und Belastungen." (ebd., S. 56) Im Bezog auf Antonovskys Kohärenzgefühl wird damit das gesundheitsfördernde Gefühl der Verstehbarkeit unterstützt. Ein Verständnis davon, wer man ist und wie man in der Umwelt wahrgenommen wird und wirkt, fördert den Eindruck einer strukturierten Lebenswelt. Schwierigkeiten überwinden zu können (ob nun die einer sportlichen Herausforderung oder einer psychischen Krise), wirkt sich direkt auf die Gesundheit aus.

Ebenfalls von großer Bedeutung für das Kohärenzgefühl ist die Selbstwirksamkeit. Nach Sygusch steht auch diese psychosoziale Ressource in ständiger Wechselwirkung zu sportlichen Aktivitäten – für ihn stellt die Selbstwirksamkeit sogar eine Voraussetzung für sportliches Verhalten dar. Damit zeigt sich erneut, wie Ressourcen ständig von Sport geprägt werden können, jedoch wird hier auch klar, dass bei vollständigem Mangel mancher Ressourcen konstruktive sportliche Aktivitäten unwahrscheinlich sind. Haben Individuen nun ein Mindestmaß an subjektiver Selbstwirksamkeit, wird dieses im Sport deshalb kontinuierlich bearbeitet, weil jede erbrachte Leistung, jeder Teilerfolg oder kleine Fortschritt Individuen aufzeigt, dass

Hindernisse überwindbar sind. Das Erreichen von Zielen, positive Rückmeldungen und erfolgreiche Wettkämpfe verbessern die Selbstwirksamkeit ausmachende Überzeugung, „Anforderungen erfolgreich bewältigen zu können" (vgl. ebd., S. 61). Für Antonovsky ist dies von großer Bedeutung für die Gesundheit, da so das Gefühl der Bewältigbarkeit gefördert und damit generell die Fähigkeit gestärkt wird, insgesamt flexibler auf Krisen reagieren zu können.

Des Weiteren finden sich eine Reihe an sozialen Ressourcen innerhalb des Sportreibens wieder. Wie ich schon sporadisch angeführt habe, sind soziale Kontakte insgesamt wichtig für eine gesunde Psyche. Sygusch unterteilt diese allgemeine Ressource jedoch ein eine große Menge an Teilressourcen, die vor allem im Rahmen der ICF eine große gesundheitliche Relevanz aufzeigen. Den sozialen Kompetenzen untergeordnet zählt er unter anderem Kooperations- und Kommunikationsfähigkeit, Perspektivübernahme und Frustrationstoleranz auf, die durch Sport gestärkt werden (vgl. ebd., S. 50). Durch Gemeinschaften und Konkurrenzen in ganz verschiedenen Sportarten und Sportverbänden steigt insgesamt die Fähigkeit bei Sportlern, sich in sozialen Bezügen angemessen zu verhalten; sowohl bei Konflikten, als auch bei Nähe. In der Klassifikation der ICF werden dadurch mehrere wichtige Lebensbereiche positiv beeinflusst. Im Bereich der „Allgemeinen Aufgaben und Anforderungen" etwa wird das Übernehmen von Aufgaben und Verantwortung unterstützt, wenn innerhalb eines Teams beispielsweise verschiedene Rollen verteilt werden und mit jeder Position eine gewisse Verpflichtung mit einhergeht (Weltgesundheitsorganisation, 2005, S. 99f). Kommunikative Fähigkeiten, die im Sport etwa durch Absprache oder Diskussion über mögliche Taktiken zu lokalisieren sind, sind in der ICF ebenfalls als gesundheitlich relevant angegeben (vgl. ebd., S. 101ff). Im Bereich der „Interpersonellen Interaktion und Beziehungen" sind ebenfalls Unterpunkte zu finden, die im Sport simultan zum sportlichen Training geübt werden, wie gegenseitiger Respekt, „körperlicher Kontakt in Beziehungen" (ebd., S. 115) oder adäquates Verhalten gegenüber Autoritätspersonen wie Trainern und Trainerinnen. Wenig überraschend wirkt sich Sport auch auf den Lebensbereich „gemeinschaftliches, soziales und staatsbürgerliches Leben" aus, eben durch die Vereinigung in Vereinen etwa, oder durch die konstruktive Gestaltung der Freizeit an sich (vgl. ebd., S. 120).

Durch die vielen verschiedenen Aspekte des Sports also steigt das generelle Einbezogensein in die in der ICF unterteilten Lebensbereiche. Sowohl die eigene Kraft der Individuen wird dabei gefördert, sich wie nötig in diesen Lebensbereichen zu verorten, als auch die gesellschaftliche Möglichkeit, sich überhaupt verorten zu können. Durch geförderte soziale Kompetenzen wird auch die Teilhabe leichter; kann doch mit Hürden und Ausgrenzung besser umgegangen werden. Sygusch benennt in diesem Zusammenhang zusätzlich die Ressource des sozialen Rückhalts, der durch Sport gefördert wird. Ein generell vergrößertes soziales Netzwerk, das die Gesamtheit aller sozialen Kontakte eines Menschen darstellt, fördert auch emotional wichtige Beziehungen. Des Weiteren steigt auch die soziale Integration mit der „Einbindung in gemeinsame Aktivitäten und interaktive Prozesse" und der „Verfügbarkeit von funktionalen und emotionalen Unterstützungsleistungen" (Sygusch, 2007, S. 75). Diese Ressource der sozialen Unterstützung ist dabei sowohl im Alltag nützlich, als auch bei akuten Krisen (dass Alltagsstress eine oft unterschätzte Gefahr für die Gesundheit darstellt, wurde schon im Kapitel 4.1 angesprochen). Durch die Verfügbarkeit von Ratschlägen, Informationen, Hilfestellungen sowie emotionaler Unterstützung (Trösten, Zuhören) werden im ICF-Modell also auch Umweltfaktoren auf Individuumsebene positiv beeinflusst, die sich direkt auf den Gesundheitszustand auswirken.

Nach Sygusch stellen die benannten Ressourcen jedoch noch lange nicht alle der Vorteile für die Gesundheit dar, die im Sport anzutreffen sind. Er benennt des Weiteren verbesserte Konzentrationsfähigkeit und Aufmerksamkeit, emotionale Stabilität, Bewältigungsstrategien, Willensstärke und Selbstständigkeit (vgl. ebd., S. 50). All jene lassen sich problemlos als wichtige Anteile an dem Gesundheitszustand einer Person sowie im Rahmen des Salutogenesemodells einordnen, wo auch Faktoren, die nicht das Kohärenzgefühl beeinflussen, in Form generalisierter Widerstandressourcen sehr starke gesundheitsfördernde Potentiale mit sich bringen. Zu beachten ist in diesem Sinne auch die unter 2.2.4 beschriebene Aufwärtsspirale, die durch eine große Anzahl von Ressourcen eine allgemeine Steigerung der Lebensqualität bewirkt. Somit kann durch Sport eindeutig eine beschwerdeübergreifende Verbesserung der Gesundheit, des Gesundheitsverhaltens und der Kompetenzen bezüglich der Gesundheitspflege zugeschrieben werden.

5.4 Sport in der Behandlung spezifischer psychischer Erkrankungen

Bisher wurde nun ausführlich geklärt, dass Sport für die generelle Gesundheit von Menschen zuträglich ist und wie Sport durch ganz verschiedene Faktoren diese positiven Effekte bewirkt. Dabei wurde deutlich, wie stark auch die psychische Gesundheit beeinflusst wird. Untersucht man nun die Bedeutung von Sport bei konkreten psychischen Erkrankungen, fällt auf, dass Sport stets als konstruktive

Behandlungsmethode genannt wird, aber literaturübergreifend die Studiengrundlage bemängelt wird und mehr Forschung gefordert wird.

Ob bei Depression, Schizophrenie oder Sucht, vor allem aufgrund der bisher dargelegten Aspekte von Sport durch biologische Effekte im Gehirn, durch psychosoziale Ressourcen und durch den Aspekt der Stressbewältigung wird Sport- und Bewegungstherapie bei den genannten Erkrankungen fast einstimmig als konstruktive Ergänzung zu Pharmakotherapie und Psychotherapie empfohlen. Als Alleinheilmittel wird Sport nicht eingestuft, aber die Einschätzung der Relevanz bei der Mitinanspruchnahme von Sport wird teilweise mit jenen klassischen Therapieverfahren gleichgesetzt (vgl. Müller, 2013).

Im Folgenden werden nun konkrete Erkenntnisse aus der Literatur in die die zuvor unter 4.2 definierten Diagnosen dargelegt. Für affektive Erkrankungen halte ich es darum besonders naheliegend, spezifische Effekte der Sporttherapie zu untersuchen, da so viele Menschen mit diesem Krankheitsbild zu tun haben. „Im Zeitraum von einem Jahr leiden 12% der Allgemeinbevölkerung im Alter von 18 bis 65 Jahren (das entspricht fast sechs Millionen Menschen) unter einer affektiven Störung." (Wittchen, Jacobi, Klose, & Ryl, 2010) Die Zahl der Menschen, die zu irgendeinem Zeitpunkt in ihrem Leben an einer Depression erkranken, ist noch höher (vgl. ebd.). Des Weiteren wird nur die Hälfte der Betroffenen behandelt (vgl. ebd., S. 32). Dadurch ist es wahrscheinlich, dass sich viele Betroffene unwissentlich durch Sport selbst therapieren. Die Behandlung von Suchterkrankungen halte ich aufgrund der hohen Verfügbarkeit von Suchtmitteln für besonders wichtig; der Versuch, Krisen und Probleme beispielsweise mit Alkohol zu kompensieren, kann sehr leicht umgesetzt werden. Die Effekte von Sport auf die Schizophrenie sind in meinen Augen deshalb besonders interessant, da das weit verbreitete, sehr ungenaue Bild dieser Erkrankung diese Diagnose fast schon mystifiziert. Der gängige Glauben, Schizophrenie bedeute, dass eine Person mehrere Persönlichkeiten in sich trage, ist gar schlicht falsch. Deshalb möchte ich untersuchen, wie es sich mit dieser in Wirklichkeit verständlichen und gut behandelbaren Erkrankung bezüglich sporttherapeutischer Ansätze verhält.

Teil der folgenden spezifischen Darlegung sporttherapeutischer Ansätze und Wirkungsweisen ist unter anderem der Indikationskatalog für Sport- und Bewegungstherapie nach Baldus und Schüle, der auch die Erkrankungen Depression, Schizophrenie und Sucht aufführt. Dabei fällt auf, dass diese Diagnosen eine Reihe an Gemeinsamkeiten anzeigen, wie genau Sport bei der Behandlung eingesetzt werden soll. Nach der Kategorisierung der ICF sind zum Beispiel einige Ziele identisch:

Körperstruktur:

- Verbesserung/Stabilisierung des kardiovaskulären Systems
- Verbesserung/Stabilisierung des Atmungssystems
- Verbesserung/Stabilisierung von muskuloskelettalen Strukturen
- Ökonomisierung des Nervensystems

Körperfunktionen:

- Verbesserung/Stabilisierung der Ausdauerkapazität
- Ökonomisierung des Herz-Kreislauf-Systems
- Verbesserung der aeroben Kapazität
- Erhaltung, Wiederherstellung oder Verbesserung der Körperwahrnehmung

Aktivitäten und Teilhabe:

- Verbesserung der Aktivitäten des täglichen Lebens sowie der Handlungs-
  kompetenz
- Soziale Kompetenz
- Selbstwahrnehmung

Umweltfaktoren:

- Motivation und Vermittlung zu krankheitsangepasster körperlicher Aktivität
- Verbesserung der Lebensqualität (vgl. Baldus & Schüle, 2012, S. 460ff)

Diese Ziele können diagnoseübergreifend bei Depression, Schizophrenie und Abhängigkeitserkrankungen stets durch Muskelaufbau- und Ausdauertraining erreicht werden. Neben den gewünschten körperlichen Effekten sollen so auch die
Motivation und die Aktivierung verbessert werden, Angst und Hemmungen abgebaut werden, sowie soziale Integration gewährleistet werden (vgl. ebd.)

5.4.1 Sport und Schizophrenie

Auch wenn sich Defizite in der allgemeinen Situation über Informationen speziell
über Sport zur Behandlung von Schizophrenie zeigen, äußern sich die bestehenden
Studien und Autoren einstimmig positiv über die Integration von Sport in die Therapie. Vor allem die positiven Einflüsse auf das Hirnorgan scheinen dabei für einen
verbesserten Krankheitsverlauf zu sorgen, vor allem sozialen Faktoren.

Nach Malchow sind jene kognitiven Defizite durch Schizophrenie diejenigen Beschwerden, die die Wiedereingliederung in den Arbeitsmarkt erschweren – welche mit herkömmlichen Therapiemethoden auch nur schwer behandelbar sind. Durch regelmäßige sportliche Betätigung konnte nun sogar eine Vergrößerung des bei Prozessen bezüglich des Gedächtnisses und von Emotionen beteiligten Hippocampus festgestellt werden, der bei schizophrenen Patienten in der Regel verkleinert vorliegt. „Weitere Studien fanden einen positiven Einfluss von Sport auf Positiv- und Negativ-Symptome schizophrener Patienten sowie eine Verbesserung der Lebensqualität und des globalen Funktionsniveaus." (Malchow, 2014, S. 42)

Auch das Ärzteblatt berichtet von Studien, die belegen, dass Sport die kognitiven Fähigkeiten von Menschen mit Schizophrenie verbessert. Bei der genauen sportlichen Betätigung handelt es sich um aerobes Training, also Ausdauersport. Des Weiteren wurde festgestellt, dass die Ergebnisse kongruent mit der Häufigkeit der Aktivität steigen. Neben der kognitiven Verbesserung ließ sich auch ein Anstieg der sozialen Kompetenz messen, der Einsatz eines Trainers stellte sich ebenfalls als förderlich heraus (vgl. Ärzteblatt, 2016).

Schmitt beruft sich auf eine Studie, die hauptsächlich eine Verbesserung der Positivsymptomatik, der Organisation, der Erregung und emotionaler Symptome durch eine Verbindung von Ausdauer- und Kraftsport bei schizophrenen Patienten feststellen konnte. Die Negativsymptomatik zeigte nur eine leichte Verbesserung. „Auch depressive Symptome und soziale Bedürfnisse besserten sich." (Schmitt, 2014, S. 10) Um eine generelle Empfehlung aussprechen zu können, fordert Schmitt, ebenso wie Malchow, jedoch weitere Studien.

Baldus und Schüle empfehlen neben der Zielsetzung und den geeigneten Übungen von Sporttherapie, die gleichermaßen bei Depression und Suchterkrankungen relevant sind, auch einen Fokus der Therapie auf die Verbesserung von Gehirnstrukturen. Bei den Körperfunktionen empfehlen sie den Erhalt oder die Wiederherstellung von Körperwahrnehmung, Kraft, Koordination und Flexibilität. Aufmerksamkeit und Konzentration sollten ebenso durch geeignete Sporteinheiten gefördert werden wie realitätsbezogenes Verhalten. Dafür geeignete Trainingseinheiten und Übungen sind neben Muskelaufbau- und Ausdauertrainings auch Koordinations- und Atemübungen. Explizit nennen Baldus und Schüle auch „nicht zielorientiertes Spiel" (Baldus & Schüle, 2012, S. 460f)

5.4.2 Sport und Affektive Erkrankungen

Wenn auch die Literatur zur Sporttherapie um spezifische psychische Erkrankungen recht überschaubar ist, findet sich zumindest bezüglich der zu den affektiven Erkrankungen gehörenden Depression eine fundierte Wissensgrundlage. Nach Pfeifer, Sudeck, Brüggemann und Huber besteht eine starke Evidenz, dass sich Bewegungstherapie durch eine hohe Wirksamkeit auf die Symptome der Depression auszeichnet; bei der Entstehung der Erkrankung ist dagegen wieder unklar, wie nützlich Sport ist (vgl. Pfeifer, Sudeck, Brüggemann, & Huber, 2012, S. 48). Brand setzt die Risikoreduktion, überhaupt depressiv zu erkranken, bei 20-30% an. Mock benennt, dass bei steigendem Stresslevel „bei sportlich aktiven Personen die Depression weniger stark [zunimmt] als bei Personen, welche weniger Sport treiben" (Mock, 2017, S. 44).

Nach Baldus und Schüle sollten bei Erkrankten im Rahmen einer Sporttherapie zusätzlich zu den unter 4.4 genannten Zielen generell das Nervensystem gestärkt werden. Im Bereich der Aktivität und der Teilhabe sollte auch die Aufmerksamkeit, die Konzentration und das Leistungsmotiv gefördert werden. Insgesamt sollten positive Handlungs- und Verhaltensmuster angeregt werden. Neben dem benannten Kraftaufbau- und Ausdauertraining sind ebenso Atemübungen und Koordinationstraining in den Vordergrund rücken.

Atemübungen sind dabei aus demselben Grund so gesundheitsfördernd, aus dem es das Ausdauertraining ist. Froböse beschreibt den Fokus auf die Atmung als „meditativ" (von der Tann, 2017). Nach Feuerstein haben viele positive gesundheitliche Aspekte des Lauftrainings mit der Atmung zu tun; auch, da der Atemrhythmus in Verbindung zum Herzrhythmus steht (vgl. Feurstein, 2001, S. 39ff). Weber hält bei der Wahl der gesundheitsfördernden Disziplin das Lauftraining darum für besonders naheliegend, weil das Laufen zu den ersten erlernen Fähigkeiten des Menschen gehört und die Umsetzung relativ unkompliziert ist. „Im Grunde aber muss sich jeder den Ausdauersport aussuchen, den er gerne macht" (von der Tann, 2017).

Ein Problem von speziell Depressionserkrankten, das in der Behandlung auch behandelt werden soll, wirkt sich jedoch schon im Vorfeld kontraindizierend auf Sport- und Bewegungstherapie aus: der verminderte Antrieb. „Mitten im Stimmungstief verspüren wohl die wenigsten große Lust, sich körperlich zu bewegen." (Müller, 2013) Auch deshalb stellt Sport stets nur eine (facettenreiche) Ergänzung zu herkömmlichen Therapieansätzen dar. Wenn Betroffene es jedoch schaffen, sich trotz depressiver Episode sportliche zu betätigen, machen sie einen großen Schritt in Richtung Genesung – „In Zeiten der Depression ist es am wenigsten förderlich, der Antriebslosigkeit nachzugeben und im Bett zu bleiben." (Simhandl & Mitterwachauer, 2007, S. 90)

Zur unipolaren Manie lässt sich im Vergleich zur unipolaren Depression nur sehr wenig wissenschaftliche Literatur finden, die die Effekte von Sport auf die Erkrankung kommentiert. In krankheitsspezifischen Werken wird sich bei der Therapie oft auf Psychotherapie und Pharmakotherapie konzentriert. In Online-Foren, in denen sich Betroffene über dieses Thema austauschen, scheint bei der Mehrzahl der Diskutierenden moderater Sport auch bei jenen Hoch-Phasen zu helfen, weil durch die körperliche Aktivität konstruktiv der erhöhte Bewegungsdrang ausgelebt werden kann. Konsens scheint darüber zu bestehen, dass zu intensive Sporteinheiten (eventuell aufgrund der fühlbaren, aktivierenden Botenstoffausschüttung) die manischen Symptome noch verstärken können. Manche verzichten in symptomatischen Phasen deshalb komplett auf Trainingseinheiten. Als eventuelle Gefahr wird außerdem benannt, das selbstüberschätzende Verhalten während einer manischen Phase könne das Verletzungsrisiko steigern (vgl. bipolar-forum.de 2010).

Bezüglich der Bipolaren affektiven Erkrankung finden sich ebenso wenige umfassende Studien oder authentische Autoren, die die genaue Wirkung auf diese spezifische Stimmungserkrankung untersuchen. Bezüglich der depressiven Phasen wird Sport in diesem Zusammenhang wie bei der unipolaren Depression hoch gelobt, episodenübergreifend wird jedoch nicht argumentiert. Fest steht also zumindest: Leiden Individuen an den Symptomen einer Depression, unabhängig von der genauen Diagnose (oder ob überhaupt eine Diagnose besteht/das Leid einer Diagnose wert ist), kann Sport eine deutliche gesundheitsfördernde Wirkung haben. Zur kompletten Genesung kann die körperliche Aktivität nicht beitragen, aber sie beschleunigen und die Symptome mindern. Als relativ einfach umzusetzende Behandlungsmethode eignet sich Sport durch seine stimmungsaufhellende Wirkung durch aktivierende Botenstoffe und Erfolgserlebnisse, die Ablenkung von Stressoren sowie der Stressabbau und die psychosozialen Ressourcen sehr gut bei der Verbesserung der Niedergeschlagenheit und Antriebslosigkeit – kann denn letztere überwunden werden.

5.4.3 Sport und Abhängigkeitserkrankungen

Die Relevanz von Sporttherapie konkret zur Behandlung Abhängigkeitserkrankter ist relativ gut untersucht (vgl. Stoll & Ziemainz, 2012, S. 92). Eine Reihe an Studien fundieren, dass sich der Einsatz von Sport-und Bewegungstherapie positiv auf den Behandlungsverlauf auswirkt. Erneut lässt sich dabei feststellen, dass bei den konkreten Behandlungsmetoden vor allem Lauftraining, also Ausdauertraining empfohlen wird. Stoll und Ziemainz berufen sich dabei hauptsächlich undifferenziert auf die allgemeinen physiologischen Faktoren (siehe 4.1) und die psychosozialen Ressourcen (vgl. ebd., S. 22). Im Zusammenhang mit dem Laufsport wird der ausgeprägte Botenstoffausstoß auch gerne als „Runner's High" bezeichnet; durch die lang anhaltende Dauerbelastung können die Effekte des Hochs an Endorphinen und Endocannabinoiden etwa auch deutlich spürbarer ausfallen, als bei körperlich weniger intensiven Sportarten (vgl. Focus Online, 2015). Dennoch sollte eigentlich kein Bedarf darin bestehen, die Botenstoffwirkung in einzelnen Sportarten spezifisch zu titulieren, etwa beim Rudern das „Rower's High" (vgl. Cohen, Ejsmond-Frey, Knight, & Dunbar, 2010).

Nach Legl ist der Einsatz von Lauftherapie bei Suchtkranken des Weiteren deshalb gegenüber anderen Sportarten zu bevorzugen, weil es Betroffenen aus bioenergetischer Sicht an Erdung mangle. Beim Laufen ist man konträr dazu gezwungen, den Kontakt zum Boden zu suchen (vgl. Legl, 2004, S. 469ff). Feuerstein unterstützt diesen Ansatz und merkt an, dass dadurch (wortwörtlich) die Bodenständigkeit Erkrankter gefördert wird (vgl. Feurstein, 2001, S. 13). Neben dem großen Realitätsbezug während des Laufens benennen auch beide unabhängig voneinander, dass während des Laufens, vor allem in der Natur, eine gewisse Reizendflutung der sportlich Aktiven stattfindet (vgl. Legl, 2004, S. 469ff).

Ähnlich wie bei Depressionen scheint es bei Abhängigkeiten von Bedeutung zu sein, zu welchem Zeitpunkt Sport und Bewegung therapeutisch eingesetzt werden. Wie Menschen, die sich in einer akuten schweren depressiven Episode befinden, kann es auch Suchterkrankten in Zeiten, in denen der Konsum oder dessen Effekte die Betroffene „im Griff haben", durch die Erkrankung selbst zu schwer fallen, Sport zu treiben und dadurch überhaupt eine Verbesserung der Situation zu erzielen. Vor allem nach der Entgiftungsphase, im Rahmen der Entwöhnung und der Nachbehandlung, sollte dafür Sporttherapie neben den gängigen Therapieansätzen Teil der Behandlung sein. „Vor allem der Aufbau bzw. die Wiederherstellung der körperlichen Funktionstüchtigkeit, altersbedingter Belastbarkeit und Leistungsfähigkeit, die positive Beeinflussung psychosomatischer Befindlichkeitsstörungen und die Verbesserung des Selbstwertgefühls scheinen die wesentlichen Effekte durch Sport und Bewegung bei Suchterkrankungen zu sein" (Stoll & Ziemainz, 2012, S. 92)

Broocks bemerkt bezüglich der Bedeutung von Sport auf Menschen mit Abhängigkeitserkrankung, dass die körperliche Gesundheit Betroffener durch die Krankheit oft (deutlich) beeinträchtig und Sporttherapie schon aus diesem Grund sinnvoll ist. Eventuell verweisen auch Baldus und Schüle auf dieses krankheizspezifische Manko, wenn sie neben den üblichen Zielen angebrachter Sporteinheiten auch auf eine Verbesserung des Gangbildes hinweisen (vgl.Baldus & Schüle, 2012, S. 460ff). Ansonsten verweist auch Broocks auf die üblichen förderlichen Effekte von Sport auf die Psyche; auch das Selbstwertgefühl, auf die Stimmung, indirekt auf das Kohärenzgefühl etc. (vgl. Broocks, 2008, S. 902ff).

Nennenswert an dieser Stelle ist auch, dass Sport selbst zur Sucht werden kann – geschieht dies bei ehemals anderweitig Abhängigen, spricht man von einer „Suchtverschiebung" oder „Suchtverlagerung". Ein besonders eindrucksvolles Beispiel ist der Triathlet Andreas Niedrik der sieben Mal eine Top-3-Plazierung beim bekannten Triathlon-Wettbewerb „Ironman" erzielen konnte. Seine stoffgebundenen Süchte zogen sich über Tabak und Marihuana bis hin zu Kokain und Heroin. Nach mehreren Klinikaufenthalten und einem Suizidversuch beschreibt er sich selbst jetzt stattdessen als sportabhängig. „Früher hat er sich seine Glücksgefühle auf dem Schwarzmarkt gekauft, heute braucht er dafür acht Stunden Sport am Tag." (Geyer, 2000) Zwar lassen sich hierbei Vorteile darin erkennen, dass sich die Sportsucht deutlich weniger schädlich als eine die Psyche sowie den Körper schädigende Drogenabhängigkeit zeigt, dennoch kann auch übermäßiger Sport unabhängig von potentiellen Verletzungen auf Dauer körperliche Defizite verursachen. Niedrig selbst äußert bezüglich der Tatsache, dass er seinen Extremsport nicht für immer ausüben kann: „Ich weiß, dass es schwer wird, es wird unendlich schwer." (ebd.) – und deutet eine anschließende Suchtverlagerung hin in den Beruf an (vgl. ebd.).

6 Die Rolle der Sozialen Arbeit

6.1 Zuständigkeit

Sport als Ansatz für Soziale Arbeit ist nichts Neues. Dabei fokussiert sich die Forschung jedoch hauptsächlich auf Sport in der Kinder- und Jugendarbeit, etwa zur Gewaltprävention oder zur Unterstützung einer altersgerechten Entwicklung (vgl. Behn & Schwenzer, 2007, S. 28ff). Letzteres kann damit zwar auch als Prävention von psychischen Erkrankungen gesehen werden, jedoch ist konkrete Literatur zur Thematik der Bedeutung von Sport für Menschen, die bereits erkrankt sind, im Rahmen der Sozialen Arbeit ist quasi nicht vorhanden. Am nächsten kommen der Thematik noch Werke bezüglich der psychischen Belastung von Sozialarbeitenden selbst, denen sportliche Aktivität natürlich zur Stressbewältigung dient (vgl. Poulsen, 2009, S. 64f).

Dennoch lassen sich Schlüsse bezüglich der Rolle der Sozialen Arbeit bei der Nutzung von Sport bei psychischen Erkrankungen ziehen, wenn die Datenlage der Sozialen Arbeit in der Psychiatrie allgemein untersucht wird. Zunächst gilt dabei, dem Psychiatriebegriff zu differenzieren. Dörr unterscheidet dabei zwischen drei Aspekten:

1. Wie auch zu Beginn des dritten Kapitels dieser Arbeit „Was ist eine psychische Erkrankung?", benennt Dörr zuerst die Psychiatrie als „Disziplin und Profession der Medizin" (Dörr, 2005, S. 12). Sowohl als Wissenschaft, als auch ärztliches Handlungsfeld befasst sie sich mit der Diagnose, Intervention, Prävention und der Erorschung psychischer Erkrankungen.

2. Je nach Kontext kann mit „Psychiatrie" auch ein konkreter Ort gemeint sein, etwa psychiatrische Kliniken und Hospitäler (vgl. ebd.).

3. Drittens kann die Psychiatrie auch als ein gewisses soziales Konstrukt bezeichnet werden. „Psychiatrie ist demnach ein gesellschaftliches Ordnungsmuster, das als Antwort auf soziale Fragen entstanden und folglich ein Resultat des Zusammenspiels von gesellschaftlichem Bedarf und Ressourcen ist." (ebd., S. 13) Die Zweckorientierung der Psychiatrie folgt demnach auch gesellschaftlichen Normen und Werten.

Dörr äußert zum letzteren Verständnis von Psychiatrie die Kritik, dass die Entstehung der Psychiatrie nicht unbedingt den Grund hatte, psychisch Erkrankten zu unterstützen, sondern eher die psychisch Gesunden zu „entlasten". Auch Bosshard, Ebert und Lazarus benennen die ursprüngliche Idee, Menschen mit psychischer

Erkrankung „auf ihre Brauchbarkeit und Arbeitsfähigkeit hin zu untersuchen und in speziellen Institutionen zu sammeln." (Bosshard, Ebert, & Lazarus, 2010, S. 19) Jedoch lässt sich in der langen Geschichte der Psychiatrie ein eindeutiger Wandel dahingehen feststellen, dass die Patienten und Patientinnen der Psychiatrie immer weiter in den Fokus gerieten (und geraten). Auch das in Deutschland am 23. Dezember 2016 erlassene Bundesteilhabegesetz (kurz BTHG), dass eine Umsetzung der UN-Behindertenrechtskonvention darstellt und dem insgesamt 193 Staaten verpflichtet sind, hat die Verbesserung der Lebenssituation, Inklusion und mehr Selbstbestimmung für Menschen mit Behinderung als Ziel (vgl. Bundesministerium für Arbeit und Soziales, 2018).

Aus der aktuellen Zielsetzung und Planung des Umgangs mit Menschen mit Behinderung, inklusive Menschen mit psychischer Erkrankung zeigt sich also eindeutig, dass andere Werte und Ziele Grundlage für das gesellschaftliche Konstrukt der Psychiatrie sind. Damit zeichnet sich ab, dass die Soziale Arbeit eng mit der Psychiatrie verbunden ist – und sein muss: So ist die Vermittlung von Teilhabe professionsübergreifende Aufgabe der Sozialen Arbeit (vgl. Bosshard, Ebert, & Lazarus, 2010, S. 48). Die Beziehungen und die Kommunikation zwischen Individuen und der Gesellschaft bzw. Teilgesellschaften ist im gesamten Berufsfeld Teil des Arbeitsalltags von Sozialarbeitenden (vgl. ebd., S. 49); ob nun von Jugendamtsangestellten, die sich individuell sowie systemisch um Kinder und Jugendliche sorgen, oder von Kollegen in der Straffälligenhilfe, die neben anderen Schwerpunkten auch die Wiedereingliederung von Delinquenten im Blick haben müssen. Durch den im aktuellen Zeitgeist hochrelevanten Aspekt der Teilhabe zeigt damit auch die Zuständigkeit Sozialarbeitender bezüglich der Arbeit mit psychisch erkrankten Menschen.

Darüber hinaus fallen noch einige weitere Aufgabenfelder von Sozialarbeitenden in den Handlungsbedarf der Psychiatrie. „Soziale Arbeit hat sich im Verlauf des 20. Jahrhundert [...] immer mehr zu einem dritten Sozialisationsbereich entwickelt, der Entwicklungs- und Lebensverläufe entlang des menschlichen Lebenszyklus gestaltet und begleitet". (ebd., S. 48) Ob nun in der Arbeit mit psychisch Kranken, Kindern und Jugendlichen, Familien oder Senioren. Professionelle kreieren Räume für ihre Klienten, in denen Entwicklung, Lernen, Begegnung und Austausch in geschütztem Rahmen erlebt werden kann. Von Kindergärten bis hin zu Tagesstätten für Menschen mit Behinderung werden Orte angeboten, bei denen individuelle Entfaltung unterstützt wird. Des Weiteren benennen Bosshard, Ebert und Lazarus die Aufgabe Sozialarbeitender, Menschen in konkret vorliegenden belastenden Situationen zu unterstützen. „Soziale Arbeit bietet darüber hinaus aber auch begleitende, unterstützende und stabilisierende Maßnahmen für Einzelne oder Gruppen, die sich in schwierigen Lebenssituationen befinden [...]." (ebd., S. 49) Auch dieses Tätigkeitsfeld unterliegt dem Anspruch, Individuen ein möglichst selbstbestimmtes Leben in der Gesellschaft zu ermöglichen.

Somit finden sich schnell Gründe dafür, dass auch die spezielle Gruppe der Menschen mit psychischer Erkrankung Adressat Sozialer Arbeit sein muss. Psychisch Kranke leiden häufig unter Ausgrenzung (Ärzteblatt, 2017); dabei kann sowohl die Teilhabe am Arbeitsleben betroffen sein, aber auch die Freizeit. Mangelnde soziale Kontakte sind oft die Folge. Und belastend sind psychische Erkrankungen allemal – oft auch für das Umfeld. Die Wenigsten würden den generellen Auftrag an Sozialarbeitende leugnen, auch bei Depressiven oder Schizophrenen etwa zu einem Leben zu verhelfen, das von der Krankheit möglichst unbeeinflusst und frei ist. Doch wo genau setzen Sozialarbeiter und Sozialarbeiterinnen an – und wo können sie konkret den Sport nutzen?

6.2 Methodik

Sozialarbeitende nutzen in ihrer Praxis eine Vielzahl an Methoden. Neben den Bürotätigkeiten wie dem Erstellen von Aktenvermerken oder dem Stellen von Anträgen sprechen sie „mit Klientinnen, beraten Angehörige, und informieren den gesetzlichen Betreuer über die anstehende Entlassung eines Klienten. [...] Sozialpädagoginnen leiten eine psychoedukative Gruppe, bieten ein alltagspraktisches Training an, führen Krisengespräche und organisieren den offenen Kontakttreff." (Bosshard, Ebert, & Lazarus, 2010, S. 82) Dabei ist nicht nur das konkrete Arbeitsfeld ausschlaggebend dafür, welches Vorgehen angebracht ist. Auch müssen Professionelle häufig individuell je nach vorliegender Aufgabe entscheiden, welche Maßnahmen angebracht sind.

Klassisch lässt sich zwischen drei Formen Sozialer Arbeit unterscheiden: die Soziale Einzelfallhilfe, die Soziale Gruppenarbeit und die Gemeinwesenarbeit (vgl. Stimmer, 2006, S. 202). Im Folgenden werde ich diese drei Handlungsformen erläutern und jeweils die Möglichkeiten ansprechen, Sport konstruktiv einzusetzen

6.2.1 Die Soziale Einzelfallhilfe

Die Soziale Einzelfallhilfe umfasst, wie der Name schon sagt, Soziale Arbeit mit einzelnen Menschen. Grundlegend ist dabei der „Empowerment"-Ansatz: „Zentrale Idee ist die Stärkung der Klienten mit dem Ziel, sie zu befähigen, ihre Probleme selbst lösen zu lernen" (Stimmer, 2006, S. 203). In der Regel werden dabei

Informationen über die individuelle Problemlage erhoben, daraus Ziele und Wege zur Zielerreichung geplant und in der Behandlung der Hilfeplan umgesetzt. Als fortschreitender Prozess kann jener auch wiederholt evaluiert und verändert werden (vgl. ebd., S. 204).

Hier können Sozialarbeitende, die mit einzelnen Menschen mit psychischer Erkrankung arbeiten, meiner Meinung nach auf zwei Arten Sport zur Verbesserung der Lebensqualität einsetzen. Erstens kann in für die Soziale Arbeit allgegenwärtigen Beratungssituationen über den Wert und die Wirkung von Sport auf die Psyche (oder auf die jeweils vorliegende psychische Erkrankung) aufgeklärt und gemeinsam erarbeitet werden, ob sportliche Aktivität im individuellen Fall eine mögliche, zielfördernde Maßnahme sein kann. Dahingehend kann auch darauf eingegangen werden, welcher bestimmten Sportart ein bestimmter Klient oder eine bestimmte Klientin am liebsten nachgeht, da die grundsätzliche Freude am Sport auch für eine fortwährende Motivation zentral ist (vgl. Feurstein, 2001, S. 13). Darüber hinaus kann Teil der Beratung sein, individuelle Wünsche der Klienten zu unterstützen, indem stellvertretend beispielsweise nach geeigneten Vereinen oder Angeboten gesucht wird oder Kontakte zu ähnlich eingestellten Mitmenschen vermittelt werden. Zweitens können Sozialarbeitende selbst mit ihren jeweiligen Klienten aktiv Sport treiben, etwa im Rahmen von Bezugsbetreuungen bei ambulanten Psychiatrieträgern. Falls der Bedarf vorliegt, dass ein Mensch mit psychischer Erkrankung regelmäßig im Einzelkontakt mit einem Sozialarbeitenden einer sportlichen Betätigung nachgeht, würde dies vermutlich auch die Beziehungsbildung massiv unterstützen. Jedoch sind hier eindeutig Studien von Nöten, da dazu keine fundierten Untersuchungen bestehen.

6.2.2 Die Soziale Gruppenarbeit

Laut Stimmer war die Bedeutung von Gruppen „für die physische, kognitive, psychisch-emotionale, moralische, kulturelle und soziale Entwicklung" (Stimmer, 2006, S. 205) schon vor dem Einsatz von Gruppendynamiken innerhalb der Sozialen Arbeit bekannt. Der Mensch wird als soziales Wesen oft von Gruppen in größere Weise beeinflusst, als von einzelnen Personen. Aus diesem Grund mach sich die Soziale Arbeit Gruppen für die Erreichung individueller Ziele in verschiedensten Berufsfeldern zunutze, um Menschen in ihrer Identitätsbildung, ihren sozialen und emotionalen Unterstützungsmöglichkeiten und für Lern- und Sozialisationsprozesse zu fördern. (vgl. ebd., S. 206).

Auch in der Arbeit mit psychisch Kranken ist Soziale Gruppenarbeit bereits gang und gäbe, sei es in Gruppentherapien in Psychiatrien oder durch anderweitig organisierten und verorteten Selbsthilfegruppen. Konkrete Literatur zur Gruppenarbeit mit psychisch Erkrankten mit Sportbezug ist zwar auch nicht vorhanden, dennoch beschreiben einige Träger von Psychiatriearbeit entsprechende Gruppenangebote auf ihren Internetpräsenzen (vgl. Max-Planck-Gesellschaft, 2019; St. Augustinus Fachkliniken, 2019). Die Effekte von Gruppen auf Klienten der Sozialen Arbeit werden durch Sport an manchen Stellen unterstützt, an anderen ergänzt. Soziale Effekte werden je nach Sportart eventuell vertieft (etwa Beziehungsaufbau durch erforderliches Teamplay) oder indirekt gestärkt (Konfliktfähigkeit durch konstruktive Gegnerschaft). Darüber kann Sozialarbeitende in Sportgruppen einen geschützten Rahmen bieten und beispielsweise auf krankheitsbedingte Schwierigkeiten oder Verhaltensweisen eingehen. Sportangebote können feste Disziplinen vorgeben oder offen lassen, welchen sportlichen Betätigungen bei den jeweiligen Terminen Inhalt sind. Die Möglichkeiten, Soziale Gruppenarbeit bei psychisch Erkrankten zu nutzen, ist also groß – interessant wäre allerdings, zu wissen, mit welchen Modellen sich welche Ziele am besten erreichen ließen.

6.2.3 Gemeinwesenarbeit

Während sich die Soziale Einzelallhilfe und die Soziale Gruppenarbeit an eine überschaubare Anzahl von Klienten richtet, fokussiert die Gemeinwesenarbeit sämtliche Bewohner und Bewohnerinnen eines bestimmten Gebietes, etwa einer Stadt oder eines Stadtteils. In der Gemeinwesenarbeit werden sozialräumliche Zusammenhänge von Problemlagen analysiert und behandelt und beeinflussen so die Umweltfaktoren ganzer Kollektive, um eine strukturelle Verbesserung der Lebensqualität Vieler zu erzielen (vgl. Stimmer, 2006).

Handlungsmöglichkeiten der Gemeinwesenarbeit auf Menschen mit psychischer Erkrankung durch Sport sind nicht vorhanden, zumindest, wenn dies an der Anzahl an veröffentlichten Untersuchungen dazu gemessen wird. Dennoch sind auch auf dieser überindividuellen Ebene Optionen denkbar. Da sich die Gemeinwesenarbeit auf ganze Ortschaften konzentriert und sich so in Sozialräumen für Teilhabe, Empowerment und Selbstbestimmung einsetzt, könnten Sozialarbeitende etwa in Stadtteilen mit psychiatrischen Einrichtungen offene, integrative Sportevents veranstalten.

Denkbar wäre beispielsweise ein groß angelegter Langlauf durch einen Stadtteil, in dem die Integration von Psychiatriepatienten beziehungsweise eine Kontaktherstellung zwischen den psychisch gesunden Bewohnern und den Erkrankten dem übergreifenden Sozialwohl impliziert und zuträglich ist. Generell jedoch wird auch hier vor allem ein großer Forschungsbedarf offensichtlich

7 Fazit

Es ist allgemein bekannt, dass Sport irgendwo und irgendwie gesund ist. Zwar werden die Meisten dieses nicht falsche Halbwissen vor allem auf körperliche Gegebenheiten beziehen. Mit dieser Ausarbeitung habe ich jedoch in verschiedenen Punkten belegen können, dass auch eindeutige und bedeutsame gesundheitsfördernde Aspekte bezüglich der menschlichen Psyche bestehen.

Im Rahmen der Untersuchung dessen, ob Menschen, die genau hier eine Schwachstelle haben, auf einigen Ebenen von Sport profitieren können, konnte ich mit dieser Bachelorarbeit deutlich aufzeigen, dass den so ist. Ich begann zunächst mit einer Grundsatzklärung der Begrifflichkeiten „Sport" und „Gesundheit". Anschließend erläuterte ich Abweichungen der Psyche in Hinsicht auf den zuvor beschriebenen gewünschten Zustand, sowohl in diagnoseübergreifender Hinsicht durch das Vulnerabilität-Stress-Modell, als auch in konkreten Diagnosen. Danach führte ich die Ressourcen auf, die jene Betroffene für sich und ihre psychische Gesundheit durch Sport gewinnen können. Zuletzt klärte ich die Zuständigkeit der Sozialen Arbeit für Menschen mit psychischer Erkrankung sowie mögliche konkrete Herangehensweisen.

Als Ergebnis sehe ich mich in meiner Ausgangsthese, dass Menschen mit psychischer Erkrankung mit Sport eine Möglichkeit haben, ihre Erkrankung flächig zu bearbeiten, bestätigt. Von den generellen Effekten von Sport auf die Psyche können Betroffene genauso profitieren, wie psychisch Gesunde, jedoch ist einfach der Wert dieser Genesung fördernden und Lebensqualität steigernden Wirkungen für psychisch Kranke deutlich höher. Ich konnte einen allgemeinen Nutzen von Sport für Betroffene aufzeigen, sowie belegte Effekte auf bestimmte psychische Erkrankungen darlegen. Die biologischen Effekte konnten in Bezug auf die konkrete Diagnose Schizophrenie mit sogar messbaren Vergrößerungen wichtiger Hirnbereiche besonders gut belegt werden, wobei auch Depressive oder generell anderweitig Erkrankte von den Stimmungshebenden, von Belastungen ablenkenden und von den die Stressverarbeitung fördernden Effekten des Sports erheblich profitieren können. Jene Bedeutung von Stress konnte ich schon in der Gesundheitsdefinition klar herausarbeiten, und im Zusammenhang mit psychischen Erkrankungen auch mit dem Hintergrund des Salutogenesemodells erneut unterstreichen. All die sozialen Ressourcen, die Sport zur Verfügung stellt, gelten ebenfalls für alle Sporttreibenden überhaupt, jedoch stellen diese Ressourcen bei Menschen mit psychischer Erkrankung oft entweder besonders gesundheitsfördernde Eigenschaften dar, oder füllen erkrankungsspezifische Defizite aus. Zuletzt habe ich die Zuständigkeit der

Sozialen Arbeit bei der Behandlung psychisch Erkrankten aufzeigen können und konkrete Handlungsansätze benannt.

Leider musste ich, je tiefer ich in die Materie eindrang, feststellen, dass der Forschungsstand vor allem in Bezug auf die Soziale Arbeit große Mängel aufweist. Studien und Untersuchungen zum Einsatz von Sporttherapie bei Menschen mit psychischer Erkrankung im Rahmen der Sozialen Arbeit konnte ich so gut wie nicht ausfindig machen. Ebenfalls sehe ich wie viele Autoren und Forscher auch bei der generellen Therapie von psychisch Erkrankten mit sportbezogenen Methoden weiteren Forschungsbedarf, jedoch waren hier etwa bei einem Teil der affektiven Erkrankungen, der Depression, sowie bei den Abhängigkeitserkrankungen zumindest wenige, aber übereinkommende, Sport klar befürwortende Studien vorhanden. Zur Sozialen Arbeit habe ich aufgrund der defizitären Datenlage eigene Überlegungen angestellt, die ich jedoch nicht abgleichen und überprüfen konnte. Interessant empfand ich dabei, dass wirklich einige Träger und Einrichtungen der Psychiatrie sporttherapeutische Maßnahmen anzubieten scheinen, aber selbst nur selten fundierte Grundlagen und Ziele dazu äußern.

Dadurch konnte ich zwar klar darstellen, dass Sport in der Behandlung von Menschen mit psychischer Erkrankung einen großen Stellenwert haben kann und stets als wirkungsvolle Methode im Hinterkopf zuständiger Behandler sein sollte. Vermutlich sollten nicht nur selbst Betroffene generell über die umfassenden förderlichen Aspekte von Sport informiert werden, sondern eben auch Ärzte, Einrichtungen und Sozialarbeitende. Im Vordergrund sehe ich dabei individuelle Beratungen, die berücksichtigen, welche körperliche Aktivität ein zu behandelnder Mensch mit psychischer Erkrankung von sich aus gerne macht, um so eine dauerhafte und langwierige Motivation zu gewährleisten. Thema muss auch sein, inwiefern Betroffene sportlicher Betätigung überhaupt nachkommen können, da auch durch Medikationen zum Beispiel gewisse körperliche Defizite vorhanden sein können. Darüber hinaus können Sozialarbeitende aber auch Betroffene in Vereine etc. einbringen oder selbst konkrete Gruppen leiten – dann bestmöglich mit dem Wissen über Gruppendynamiken und die eben in dieser Arbeit aufgeführten Effekte von Sport, um jenen mit vollem Potenzial zu nutzen.

Als Ausblick, auch für eine eventuelle Masterarbeit, sehe ich zum jetzigen Standpunkt vor allem zwei Möglichkeiten: die Planung, Durchführung und Evaluation einer sporttherapeutischen Maßnahme mit psychisch Erkrankten oder eine flächendeckende Auswertung bestehender Angebote innerhalb der Sozialen Arbeit. Letztere könnte vor allem die spezifische Relevanz für Sozialarbeitende besser beleuchten – hier besteht noch der meiste Forschungsbedarf.

Literaturverzeichnis

Angermeyer, M. (2004). *Stigmatisierung psychisch Kranker in der Gesellschaft.* In: Fortschritte der Neurologie & Psychiatrie, 31. Jg., Heft 2, S. 36-44.

Ärzteblatt (2016). *Sport bessert Kognition bei Schizophrenen.*URL: https://www.aerzteblatt.de/nachrichten/70198/Sport-bessert-Kognition-bei-Schizophrenen (abgerufen am 20.06.2019).

Ärzteblatt (2017). *Psychisch Kranke werden häufig ausgegrenzt.*URL: https://www.aerzteblatt.de/nachrichten/81797/Psychisch-Kranke-werden-haeufig-ausgegrenzt (abgerufen am 20.06.2019).

Baldus, A., & Schüle, K. (2012). *Indikationskatalog häufiger Krankheits- und Schadensbilder in Anlehnung an die ICF-Klassifizierung.* In G. Huber, & K. Schüle (Hrsg.), Grundlagen der Sport- und Bewegungstherapie. 3. vollständig überarbeitete und erweiterte Auflage, S. 401-493, Köln: Deutscher Ärzte-Verlag.

Baumann, S. (1998). *Psychologie im Sport.* Aachen: Meyer & Meyer Verlag.

Bäuml, J., & Lambert, M. (2013). *Psychosen erkennen, verstehen, behandeln.* Michelstadt: Verlag für Didaktik in der Medizin.

Behn, S., & Schwenzer, V. (2007). *Gewaltprävention durch Sport? Annahmen und Bedingungen.* In: Sozial Extra, 31. Jg., Heft 9-10, S. 28-30.

Behringer, W. (2012). *Kulturgeschichte des Sports. Vom antiken Olympia bis ins 21. Jahrhundert.* München: C. H. Back.

Bengel, J., Strittmatter, R., & Will, H. (2009). *Forschung und Praxis der Gesundheitsförderung, Band 6. Was erhält Menschen gesund? Antonovskys Modell der Salutogenese - Diskussionsstand und Stellenwert.* Köln: Bundeszentrale für gesundheitliche Aufklärung.

Bette, K.-H. (1999). *Systemtheorie und Sport.* Frankfurt am Main: Suhrkamp Verlag.

bipolar-forum.de (2010). *Kein Sport vor und/oder in der Manie?*URL: http://www.bipolar-forum.de/read.php?5,404006,404006 (abgerufen am 20.06.2019).

Bosshard, M., Ebert, U., & Lazarus, H. (2010). *Soziale Arbeit in der Psychiatrie.* 4., völlig überarbeitete Auflage, Bonn: Psachiatrie-Verlag.

Brand, R. (2010). *Sportpsychologie.* Wiesbaden: VS Verlag für Sozialwissenschaften.

Brockhaus. (2007). *Sport. Sportarten und Regeln, Wettkampf und Athleten, Training und Fitness.* Mannheim: Bibliographisches Institut &, F. A. Brockhaus AG.

Broocks, A. (2008). *Sport- und Bewegungstherapie.* In H.-J. Möller, G. Laux, & H.-P. Kampfhammer (Hrsg.), Psychiatrie und Psychotherapie. 3., vollständig neu bearbeitete und aktualisierte Auflage, S. 902-909, Heidelberg: Springer-Verlag.

Bundesministerium für Arbeit und Soziales (2018). *Häufige Fragen zum Bundesteilhabegesetz* (BTHG). URL: https://www.bmas.de/DE/Schwerpunkte/ Inklusion/Fragen-und-Antworten/fragen-und-antworten.html (abgerufen am 20.06.2019).

Cohen, E., Ejsmond-Frey, R., Knight, N., & Dunbar, R. (2010). *Rowers' high: behavioural synchrony is correlated with elevated pain thresholds.* In: Biology Letters, 6. Jg., Heft 1, S. 106-108.

Deutscher Fußball-Bund (2019). *Frauen-Nationalmannschaft.*URL: https://www.dfb.de/frauen-nationalmannschaft/team/?no_cache=1 (abgerufen am 20.06.2019).

Deutsches Institut für Medizinische Dokumentation und Information (2019). *ICD-10-WHO.* URL: https://www.dimdi.de/dynamic/de/klassifikationen/icd/icd-10-who/ (abgerufen am 20.06.2019).

Dörner, K., Plog, U., Teller, F., & Wendt, F. (2015). *Irren ist menschlich.* 23. Auflage, Köln: Psychiatrie Verlag.

Dörr, M. (2005). *Soziale Arbeit in der Psychiatrie.* München: Ernst Reinhardt Verlag.

Eichberg, H. (2001). *Sport, Nation und Identität.* In K. Heinemann, & M. Schubert, Sport und Gesellschaften (S. 37-61). Schorndorf: Verlag Karl Hofmann.

Feurstein, H. (2001). *Zusammenspiel. Laufgenuss zwischen Leistung und Schonung. Grundkurs des Ganzheitlichen Laufens - ein Übungsbuch.* Zwischenwasser: Selbstverlag.

Focus Online (2015). *Das Glück des Läufers und die Endocannabinoide.* URL: https://www.focus.de/gesundheit/gesundleben/fitness/news/gesundhei t-das-glueck-des-laeufers-und-die-endocannabinoide_id_5027026.html (abgerufen am 20.06.2019).

Froböse, I., & Wilke, C. (2012). *Leistungs- und Trainingssteuerung.* In G. Huber, & K. Schüle (Hrsg.), Grundlagen der Sport- und Bewegungstherapie. 3. vollständig überarbeitete und erweiterte Auflage, S. 239-261, Köln: Deutscher Ärzte-Verlag.

Gabler, H. (2015). *Sport aus sozialpädagogischer Perspektive.* In H.-U. Otto, & H. Thiersch (Hrsg.), Handbuch Soziale Arbeit. 5. Auflage, S. 1678-1685, München: Ernst Reinhardt Verlag.

Gerber, M. (2008). *Sport, Stress und Gesundheit bei Jugendlichen.* Schorndorf: Hofmann-Verlag.

Geyer, M. (2000). *Die Narbe des Eisenmanns.* URL: https://www.spiegel.de/spiegel/print/d-16525427.html (abgerufen am 20.06.2019).

Haenel, T. (2017). *Depression - das Leben mit der schwarz gekleideten Dame in den Griff bekommen.* 2. Auflage, Berlin: Springer-Verlag.

Hammer, M., & Plößl, I. (2012). *Irre verständlich. Menschen mit psychischer Erkrankung wirksam unterstützen.* Bonn: Psychiatrie Verlag.

Heinemann, K. (1998). *Einführung in die Soziologie des Sports.* Schorndorf: Verlag Karl Hofmann.

Hohendorf, G., Rotzoll, M., Richter, P., Fuchs, P., Hinz-Wessels, A., Mundt, C., & Eckart, W. U. (2003). *NS-„Euthanasie": Vom Wahn zur Wirklichkeit.* In: Deutsches Ärzteblatt, 100. Jg., Heft 41, S. A2626–A2630.

Huber, G., & Schüle, K. (2012). *Grundlagen der Sport- und Bewegungstherapie.* Köln: Deutscher Ärzte-Verlag.

Katzlberger, F., & Oder, W. (2000). *Psychosoziale Folgen schwerer Hirnverletzungen.* In: PPmP - Psychotherapie, Psychosomatik, Medizinische Psychologie, 50. Jg., Heft 5, S. 209-214.

Kilian, R., & Becker, T. (2006). *Die Prävention psychischer Erkrankungen und die Förderung psychischer Gesundheit.* In W. Kirch, & B. Badura (Hrsg.), Prävention. Ausgewählte Beiträge des Nationalen Präventionskongresses (S. 443-472). Heidelberg: Springer Medizin Verlag.

Ladewig, D. (1996). *Sucht und Suchtkrankheiten.* München: C. H. Beck.

Legl, T. (2004). *Sport und Drogen.* In R. Brosch, & R. Mader (Hrsg.), Sucht und Suchtbehandlung. Problematik und Therapie in Österreich (S. 469-478). Wien: LexisNexis.

Lütz, M. (2009). *Irre! Wir behandeln die Falschen, unser Problem sind die Normalen.* 2. Auflage, Gütersloh: Gütersloher Verlagshaus.

Maier, F., Winter, J., & Junker, L. (2016). *Schizophrenie.* In J. I. Kizilhan (Hrsg.), Handbuch psychische Erkrankungen für soziale Berufe (S. 21-38). Berlin: VWB - Verlag für Wissenschaft und Bildung.

Malchow, B. (2014). *Sport tut auch der Psyche gut! Wirksam bei Schizophrenie, Depression, Demenz und Angststörungen.* In: MMW - Fortschritte der Medizin, Ausgabe 1/2014, S. 41-44.

Max-Planck-Gesellschaft (2019). *Sporttherapie.* URL: https://www.psych.mpg.de/1989775/sport (abgerufen am 20.06.2019)

Mock, T. (2017). *Gesundheitsmanagement für Unternehmensberatungen. Wirkung von Sport und Stress auf die psychische Gesundheit und Wertschöpfung.* Wiesbaden: Springer Fachmedien.

Moragas Spa, M. d. (2001). *Information oder Produktion? Die neuen Synergieeffekte zwischen Massenmedien und Sport.* In K. Heinemann, & M. Schubert, Sport und Gesellschaften (S. 209-226). Schorndorf: Verlag Karl Hofmann.

Müller, T. (2013). *Sport hilft so gut wie Antidepressivum.* URL: https://www.aerztezeitung.de/medizin/krankheiten/neuro-psychiatrische_krankheiten/depressionen/article/850155/depressionen-sport-hilft-antidepressivum.html (abgerufen am 20.06.2019).

Nitsch, J. R. (2000). *Sportpsychologie.* URL: https://www.spektrum.de/lexikon/psychologie/sportpsychologie/14665 (abgerufen am 20.06.2019).

Peteres, U. H. (2017). *Lexikon - Psychiatrie, Psychotherapie, Medizinische Psychologie.* 7. Auflage, München: Elsevier.

Pfeifer, K., Sudeck, G., Brüggemann, S., & Huber, G. (2012). *Bewegungstherapie in der medizinischen Rehabilitation - Wirkungen, Qualität, Perspektiven.* In G. Huber, & K. Schüle (Hrsg.), Grundlagen der Sport- und Bewegungstherapie (S. 43-65). Köln: Deutscher Ärzte-Verlag.

Poulsen, I. (2009). *Burnoutprävention im Berufsfeld Soziale Arbeit. Perspektiven zur Selbstfürsorge von Fachkräften.* Wiesbaden: VS Verlag für Sozialwissenschaften.

Rüegger, C. (2012). *Die soziale Dimension psychischer Krankheit und Gesundheit.* Coburg: ZKS-Verlag.

Rügauf, G. (2012). *Stress, Schmerz und Krankheit - Stressregulation und Bewältigungsstrategien in der Sport- und Bewegungstherapie.* In G. Huber, & K. Schüle (Hrsg.), Grundlagen der Sport- und Bewegungstherapie (S. 153-158). Köln: Deutscher Ärzte-Verlag.

Schmitt, A. (2014). *Sporttherapie bei Schizophrenie-Patienten: Weniger Symptome, bessere Fitness.* In: Orthopädie & Rheuma, 17. Jg., Heft 2, S. 10.

Schülerduden. (1987). *Der Sport. Ein Sachlexikon für die Schule.* Mannheim: Bibliographisches Institut.

Simhandl, C., & Mitterwachauer, K. (2007). *Depression und Manie. Erkennen und erfolgreich behandeln.* Wien: Springer-Verlagt.

St. Augustinus Fachkliniken (2019). *Sport- und Bewegungstherapie.* URL: http://www.psychiatrie-neuss.de/behandlungsangebote/therapeutische-dienste/sport-und-bewegungstherapie/ (abgerufen am 20.06.2019)

Steinkamp, E. (1983). *Was ist eigentlich Sport?* Wuppertal: Hans Putty Verlag.

Stimmer, F. (2006). *Grundlagen des Methodischen Handelns in der Sozialen Arbeit.* 2., überarbeitete und erweiterte Auflage, Stuttgart: Kohlhammer.

Stoll, O., & Ziemainz, H. (2012). *Laufen psychotherapeutisch nutzen. Grundlagen, Praxis, Grenzen.* Berlin, Heidelberg: Springer-Verlag.

Sygusch, R. (2007). *Psychosoziale Ressourcen im Sport.* Schorndorf: Hofmann-Verlag.

Teischel, O. (2014). *Krankheit und Sehnsucht - Zur Psychosomatik der Sucht.* Heidelberg: Springer VS.

Tretter, F. (1998). *Ökologie der Sucht. Das Beziehungsgefüge Mensch-Umwelt-Droge.* Göttingen: Hogrefe-Verlag.

Trost, A., & Schwarzer, W. (2013). *Psychiatrie, Psychosomatik und Psychotherapie für psycho-soziale und pädagogische Berufe.* 5., erweiterte und aktualisierte Auflage, Dortmund: borgmann.

von der Tann, M. (2017). *Raus aus dem Stress. Wie Sport der Psyche hilft.*URL: https://www.spiegel.de/gesundheit/psychologie/sport-gegen-stress-wie-bewegung-der-psyche-hilft-a-1173661.html (abgerufen am 20.06.2019).

Weltgesundheitsorganisation (2005). *Internationale Klassifikation der Funktionsfähigkeit, Behinderung und Gesundheit.* Köln: Deutsches Institut für Medizinische Dokumentation und Information.

Weltgesundheitsorganisation (2013). *WHO verweist in neuem Bericht auf ungleiche gesundheitliche Fortschritte in Europa und fordert zur Messung des Fortschritts eine genauere Erfassung des Wohlbefindens.* URL: http://www.euro.who.int/de/media-centre/sections/press-releases/2013/03/new-who-report-reveals-unequal-improvements-in-health-in-europe-and-calls-for-measurement-of-well-being-as-marker-of-progress (abgerufen am 20.06.2019).

Weltgesundheitsorganisation (2018). *ICD-10-GM Version 2019.* Köln: Deutsches Institut für Medizinische Dokumentation und Information.

Wittchen, H.-U., Jacobi, F., Klose, M., & Ryl, L. (2010). *Gesundheitsberichtsertattung des Bundes. Depressive Erkrankungen.* Berlin: Robert-Koch-Institut.